당신의 재능을 '대발견'할 시간이 왔습니다.

간다 마사노리의

大発見
대발견

불확실한 내일을 돌파할 퓨처매핑

간다 마사노리의

人發見

대발견

간다 마사노리 지음 | 전경아 옮김 | 서승범 감수

더블북

한국 독자 여러분께

봉인되어 있던
미래 지도를
당신에게

이 책은 원래 소량의 한정판으로 제작해 세상에 나온 책이었다. 제목은 《대발견》. 하지만 대발견이라는 이름에 걸맞은 힘을 가지고 있으면서도 일부러 널리 유통시키지 않았다. 이유는 명확했다. 너무나도 눈에 띄는 결과가 계속해서 나타났기 때문이다.

2008년에 '퓨처매핑 Future Mapping'이라는 방법을 개발한 이래 기업, 교육, 행정, 스타트업 더 나아가 개인의 인생에 이르기까지 모든 현장에서 상상을 초월한 성과가 잇달아 탄생했다. 마치 한 장의 지도를 그리는 것만으로도 미래가 움직이기 시작했다. 이상이 현실이 되고, 사람과 정보와 자원이 우연처럼 모이기 시작하는 것이다.

하지만 이 도구의 힘이 진정으로 전달되기 위해서는 시대가 따라잡을 때까지 기다릴 필요가 있었다. 왜냐하면 이 미래 지도는 단순한 계획 도구가 아니기 때문이었다. 사람의 의지와 감정 그리고 시간이라는 '보이지 않는 요소'를 연결하는 것이고, 미래를 '선택'하는 것이 아니라 '창조'하기 위한 사고 프레임이기 때문이다.

지금 이 시점에 한국에서 출간된다는 것은 큰 의미가 있다. 한국은 변화와 도전을 결코 두려워하지 않는 나라이다. 세계 어느 나라보다 가장 빨리 사회 전 분야에 기술을 도입해 활용하고, 항상 다음 시대를 내다보며 준비하는 나라가 바로 한국이다. 그렇기 때문에 이 전뇌사고법이 한국의 기업, 교육, 개인의 진화와 깊이 공명할 것이라고 나는 분명히 확신하고 있다. 그리고 《대발견》의 한국어판 출간은 이 미래 지도가 드디어 봉인을 풀고 세계를 향해 나아가는 첫 걸음이기도 하다.

만약 당신은 현재의 연장선으로는 도달할 수 없는 미래를 목표로 하고 있는가? 만약 당신은 계획이 아닌 자신의

'의지'로 미래를 창조하고 싶은가? 그렇다면 이 책이 첫걸음을 뗄 수 있도록 돕는 지도가 되기를 바란다.

한 장의 퓨처매핑이 미래를 바꾼다.
부디 당신의 그 손으로 직접 그려보길 바란다.

그럼, 이 책의 문을 지금 열어보자.

간다 마사노리

감수자의 글

미래 창조의 체험, 이제는 여러분 차례이다

《대발견》의 저자인 간다 마사노리는 내 고등학교 친구의 대학교 시절 절친이었다. 그렇게 알게 된 후 우리는 오랜 시간 인연을 맺어왔다. 이후 나는 간다 마사노리의 비즈니스 파트너가 되어 그의 핵심 철학과 전략을 한국에 전파하는 역할을 해왔다.

특히 퓨처매핑의 고도 프로페셔널 과정(최고위 과정)을 수료한 후 지난 5년 동안 매주 월요일 오전 7시에 화상 회의 툴을 이용해 퓨처매핑 세션을 운영하고 있다. 이 세션을 통해 퓨처매핑을 실전에서 어떻게 활용할 수 있는지 연구하고 확산하는 데 집중해왔다.

퓨처매핑이란 단순한 기법이 아니라 미래를 창조하는

도구이며 이를 활용하면 예상치 못한 방식으로 기회가 열리고 새로운 가능성이 현실화되는 경험을 하게 된다.《대발견》을 읽다 보면 저자가 퓨처매핑을 통해 발견한, 시간과 감정을 초월한 사고법이 얼마나 강력한지 알 수 있다.

우리가 흔히 사용하는 비즈니스 모델 캔버스, SWOT 분석, 3C 분석 밸류체인 분석, BCG 매트릭스 등의 프레임워크는 현재 상태를 기록하는 데 그친다. 하지만 퓨처매핑은 시간의 흐름과 감정의 변화를 고려한 변화의 지도를 제공한다. 또한 이를 넘어 10년 후를 내다보며 전략적으로 움직일 수 있는 만능 지도로도 완벽하게 기능한다.

간다 마사노리의《대발견》은 단순한 자기계발서가 아니다. 이 책은 꿈을 현실로 만드는 메커니즘을 다룬 실전적 안내서이며 기존에 존재하던 비즈니스 프레임워크가 놓치고 있는 시간의 축과 감정의 축을 통합한 새로운 패러다임을 제시한다.

나는 간다 마사노리와 함께 퓨처매핑을 연구하고 실전에서 활용하는 과정에서 이 책에 담긴 메시지를 직접 체험했다. 또한 한국에서도 수많은 사람들이 이를 활용해 자신의 비즈니스와 삶을 변화시키는 모습을 목격해왔다. 이처럼 강력한 힘을 가진 퓨처매핑의 정수를 담은 이 책은 단순한 지식이 아니라 당신이 직접 경험하고 체득해야 하는 변화의 도구이다.

간다 마사노리도 서문에서 밝히고 있듯 이 책은 대중적인 방향으로 집필해주기 바랐던 출판사의 요구를 거부하고 그가 직접 한정판으로 출간했다. 이는 그가 단순한 베스트셀러가 아닌 실제로 변화를 만들어낼 수 있는 책을 세상에 내놓고 싶었기 때문이다.

이 책은 독자가 직접 사고하고 실행하며 자기만의 방식으로 현실을 창조하는 체험을 하도록 설계되어 있다. 간다 마사노리는 단순히 변화를 이야기하는 것이 아니라 트랜스포메이션, 즉 근본적인 변화를 촉진하는 과정을 가르친다. 그리고 이 과정에서 가장 중요한 요소가 바로 내면에서 우러나오는 즐거움과 몰입이다.

퓨처매핑을 그릴 때마다 우리는 자신도 예상하지 못했던 창의적인 아이디어와 해결책을 발견하게 된다. 그리고 그것은 단순한 우연이 아니라 시간과 감정을 초월한 퓨처매핑의 원리 덕분이다. 이 책을 읽고 직접 퓨처매핑을 그려보면 그 힘을 실감할 것이다.

만약 여러분이 자신의 미래를 주도적으로 창조하고 싶다면 이 책을 반드시 읽어보기를 권한다. 그리고 가능하다면 책 속에서 제시하는 과정을 직접 실행해보라. 그러면 당신은 단순한 목표 설정이 아닌 미래를 창조하는 과정의 주인공이 되는 경험을 하게 될 것이다.

서승범

비즈니스 트랜스포메이션 코치

퓨처매핑 한국 대표 코치

《대발견》을 120% 활용하는 5가지 팁

1. 그냥 읽지 말고 반드시 그려보라

실제로 해보는 것이 핵심이다. 곡선을 그리고, 주인공을 설정하고, 이야기와 행동 시나리오를 만들어보라. 머리로만 이해할 때와 전혀 다른 창의적 연결과 내면 자원의 발견이 일어난다.

2. 3일 연습 → 21일 실행 순으로 실전 적용하라

책에서는 3일간 연습하고 21일간 도전하는 방식을 제안한다. 작은 과제부터 반복적으로 시도하면 퓨처매핑의 강력함을 체험할 수 있다.

3. 팀원 혹은 동료와 함께 '공동 맵'을 그려보라

퓨처매핑은 함께 그리면 더 강력해진다. 가족, 동료, 팀원과 함께 퓨처매핑을 하면 서로의 숨겨진 가능성이 보이고 집단지성이 작동한다.

4. 기존 툴과 결합해보라

비즈니스 모델 캔버스 등의 기존 프레임워크와 통합할 수 있다. 특히 감정의 흐름, 비연속적 곡선 사고를 결합하면 전략의 깊이가 달라진다.

5. 퓨처매핑을 루틴화하라

정기적으로 퓨처매핑을 활용하면 현실이 원하는 방향으로 움직이고 있는 걸 발견하게 된다. 바로 '생각한 대로 되는 삶'이 시작될 것이다.

차례

현실을 가속화하는 사고법

꿈과 동조되는 현실

3장
여러분의 과제 달성을 도울
간다 마사노리의 코칭

4장
세계가 변화하는 원리

서문

이 책을
한정판으로
출간하게 된 이유

이 책은 일본의 한 대형 출판사에서 주력 도서로 선정해 대대적인 홍보와 함께 발간될 예정이었다. 판매 목표는 10만 부 이상. 카리스마 넘치던 담당 편집자는 내가 알기 쉽게 써주기를 바랐다. 속도감 있는 선동적 문체로. 나는 어느 쪽이든 자신이 있었다. 과거에 그렇게 쓴 책이 몇 권이나 베스트셀러에 올랐고, 이른바 '간다체'라고 하는 독특한 문체로 쓴 책을 손꼽아 기다리는 독자가 많은 것도 알고 있었기 때문이다. 하지만 이 책은 그런 식으로 쓰여서는 안 된다고 생각했다.

초고를 읽은 편집자는 크게 실망했다. 그리고 내게 대폭 수정을 요청했다. 특히 독자가 직접 연습하도록 한 워크시

트는 독자를 놓칠 수 있으니 분량을 줄여달라고 했다. 어른스럽지 않게 대응하는 것은 아닐까 생각했지만, 나는 단호히 거부했다. 그 이유 중 하나는 원고를 완성했을 때 뭔가 이상한 느낌이 들었기 때문이다. 이 책은 내가 쓴 게 아니라 다른 누군가의 말을 옮긴 것만 같았다. 소설가에게는 자신도 모르게 글이 써지는, 이른바 '자동서기'라는 상태에 들어가는 경우가 제법 있다고 들었는데 나는 처음으로 맛본 경험이었다. 그리고 본능적으로 느꼈다. 저편 어딘가에서 찾아온 말이니 결코 희석해서는 안 된다고.

어쩌면 이 책은 여러분에게 친절한 책이 아닐지도 모른다. 농축한 주스를 희석하지 않고 그대로 마시는 그런 느낌이 들 수도 있다. 하지만 이 책의 목적은 어디까지나 결과를 내게 하는 것이다. 그래서 일체 타협하지 않았다. 목적을 달성하기 위해 필요한 심리학, 신화, 양자역학, 신경언어프로그래밍NLP 등 내가 관심을 가지며 다양하게 보고 듣고 배운 것들을 전부 엮어 이 책에 집어넣었다. 그리고 여러분이 연습을 하는 데 필요한 스킬을 빠짐없이 전부 망라했다.

이렇게 내용을 응축했으니 편집자가 다시 써달라고 요청하는 것도 당연하다. 판매 전략으로 보자면 그의 의견이 정답이고 독자에게도 더 이해하기 쉬운 책이 될 것이다. 하지만 내 머릿속에서는 처음 의도를 따라 완성한 원고가 옳다고 판단했다. 충분히 이해되고 알 것 같은 기분이 들어 행동하지 않게 되는 것보다는 잘 모르기에 일단 해보고 생각하게 만드는 쪽을 선택했다.

모르니까 여러 번 읽는다. 모르니까 연습을 한다. 모르니까 논의를 시작한다. 여러분은 이 과정에서 필요한 무언가를 발견하고 필요한 누군가와 만나서 돌파구를 열게 된다. 다시 말해 일반적으로는 이해하기 어려울 수밖에 없는 원고이기에 이 원고가 만든 세계에서 뛰쳐나와 여러분 각자가 자신의 본질을 아는 체험을 해나갈 수 있는 것이다.

이 책의 내용은 내가 소수만을 대상으로 진행하는 '전뇌 사고 마스터 Ex 강좌'에서 다룬 것들이다. 이 강좌는 경영자, 기업 간부, 경영 컨설턴트 등 고위 경영진을 대상으로 진행하는 것으로 수강료는 15만 엔(우리 돈으로 약 150만 원-옮긴이) 이상이다. 강좌에 참가한 이들은 단기간에 수강료의 몇 배를 웃도는 실적을 올리는 경우가 많아 투자 대비 효과는 충분하지만, 이 돈을 선뜻 낼 수 있는 사람은 그리 많지 않다. 그렇지만 꿈을 실현하는 과정을 체험하고 싶은 사람은 아주 많다.

비즈니스 리더뿐만 아니라 학생, 교사, 행정가를 비롯해 미래를 만들어갈 모든 사람들이 이 수단을 활용하면 자신의 상상력으로 세계가 바뀌기 시작하는 체험을 할 수 있다. 그것도 겨우 3주 만에. 그래서 나는 이 원고를 한정판으로 소량 제작해 여러분에게 선보이기로 결심했다.

출판계의 일반적인 상식으로는 독자가 연습을 많이 해야 하는 책은 잘 팔리지 않는다고 한다. 독자가 머리를 써야 하는 책은 인기가 없다는 것이다. 그렇기에 이 책에서는 상식과 반대로 하기로 했다. 이 책은 워크북을 기본 형태로 한다.

나는 여러분이 땀을 흘리고 행동하도록 하려 한다. 이렇게 이 책을 통해 여러분도 분명한 성과를 낼 수 있게 최대의 가치를 제공하기로 했다.

좀 더 쉬운 책을 써달라는 분들도 있겠지만 나는 내 뜻을 관철하고 싶다. 솔직히 때로는 역풍을 맞기도 한다. 하지만 효율적으로 소비되는 책만으로는 여러분도 나도 소비되기만 할 뿐이다. 나는 소비를 위한 독서가 아니라 때로는 사고하고 실행하고 함께 더 나은 사회를 만들기 위해 독서를 한다. 그러기 위해 여러분과 만나고 있다.

중요한 점은 여러분 혼자 실천하는 것이 아니라는 것이다. 한정판이라는 형태를 선택한 결과 이 책의 독자들과 페이스북에서 소통할 수 있었고, 여러분이 실천한 결과를 페이스북에 올리면 내가 전부 훑어볼 수 있게 됐다. 각 사람 모두에게 댓글을 달지 못하지만, 언제나 나는 여러분을 지켜보고 있다.

간다 마사노리

추신.

나의 첫 번째 한정판 책을 찾아주어 고맙다는 말씀을 드리고 싶다. 이 책을 보고 있을 여러분에게 진심으로 감사한다.

프롤로그

나는 여러분에게
지식이 아닌 결과를
얻게 하고 싶다

이 책은 내가 과거 15년간 써온 책 중에 가장 얇은 책이다. 하지만 내용은 가장 알차다고 자부한다. 단순히 글자 수로만 따지면 90분 정도 투자하면 너끈히 읽을 수 있는 분량에 정수를 가득 담았다. 여러분이 성과를 낼 수 있도록 도울 책을 내고 싶었다. 그래서 실천하는데 필요한 지식은 전부 집어넣었다. 그렇기에 여러분은 잘 이해하기 위해 펜을 들고 조금이라도 실천해보는 것이 중요하다. 그 후에 책을 펼쳐보라. 놀랍게도 어렵게 느껴지던 내용이 술술 읽히고 몇몇 새로운 깨달음도 얻게 될 것이다.

꿈을 현실로 만드는 방법을 알려주는 것, 이것이 이 책의 주제다. '꿈'이란 말을 듣고 항간에 넘쳐나는 자기계발

서와 같은 인상을 받았을지도 모르겠다. 하지만 앞으로 여러분에게 알려주려는 것은 긍정적 사고를 만들거나 의욕을 높이고 소원을 종이에 써서 붙이는 등의 뜬구름 잡는 이야기가 아니다. 바위산을 착실히 오르듯, 본격적으로 '꿈'을 '현실'로 만드는 이야기다.

먼저 실제로 꿈이 현실이 된 예를 들어보려 한다. 이 책을 통해 여러분도 그런 현실을 손에 넣었으면 한다.

○ '꿈'을 꾸고 4개월 만에 신규 업종 점포를 열었다. 지금까지 점포당 매출을 크게 뛰어넘는 모델을 만들어냈다. (요식업 프랜차이즈사 경영 임원)
○ '꿈'을 꾸고 6개월 만에 호텔 객실을 리뉴얼했다. 참신한 공간 콘셉트로 평일 가동률 90%를 달성했다. (비즈니스호텔 경영자)
○ '꿈'을 꾸고 3주 만에 생산 부문과 손을 잡고 사내 프레젠테이션을 실시했다. 지금까지 전례가 없었던, 부서의 경계를 넘나드는 프레젠테이션으로 임원진에게 높은 평가를 받았다. (대기업 식품 계열사 영업 담당 사원)

또 비즈니스 외의 분야에서 실현된 예를 들어보면,

○ '꿈'을 꾸고 3개월 만에 근무하던 초등학교에 새로운 과목으로 '표현과'를 제안하고 개설했다. 마인드맵과 전뇌사고를 활용한 수업과 영상화를 추진, 교육연구회 전국 대회에서 높은 평가를 받았다. (사립 초등학교 교사)

○ '꿈'을 꾸고 1년 만에 에어로빅 세계 대회에서 금메달을 땄다. 공립 중학교에서 공부만 하는 것이 아니라 운동도 병행할 수 있음을 실현했다. (중학교 3학년 학생)

꿈이라고 하지만 표면적인 바람을 이루는 게 아니라 주어진 일에서 성과를 내는 것이 바로 내가 의도한 것이다. 복권에 당첨되고 싶다느니, 이상형을 연인으로 만나고 싶다느니, 좋아하는 일을 해서 부자가 되고 싶다는 그런 허황된 내용이 아니다. 언젠가 행운이 찾아오기를 기다리는 것이 아니라 불운의 연속 속에 숨이 막힐 것 같을 때도 벌떡 일어나서 바라는 '현실'을 움켜쥐는 실천자들의 강인함을 여러분과 공유하고 싶다.

개인적으로 나만 행복해지면 된다는 안이한 자기계발을 통해 힐링될 상황이 아니라고 생각한다. 왜냐하면 우리 세계에는 바꿔야 하는 사회적 난관이 산더미처럼 쌓여 있다. 지금 우리가 이렇게 말하는 동안에도,

- 주변국과의 갈등으로 인한 경제적 손실의 확대
- 그리스, 스페인, 이탈리아의 재정 위기에서 시작된 유로존 파탄의 불안
- 중동, 아시아 등 20개 이상 이슬람 국가에서의 반미 시위
- 1200만 명에 달하는 아프리카 북동부 지역 기아 위기

이러한 다양한 위기는 전 세계적 지구 환경 문제와 함께 일어난다. 일본 국내를 보면,

- 자연재해의 복구
- 후쿠시마 원전 사고의 방사능 처리
- 대규모 지진 발생 가능성 불안
- 취업난으로 인해 중장년 은둔형 외톨이 증가

이처럼 해결해야 할 난제가 차례차례 일어난다. 하지만 한편에서는 쳇바퀴 돌듯 반복된 일상이 이어지는 나날이 계속된다. 수익에 쫓기고 마감에 쫓기느라 가정에서는 책임을 다하지 못한다. 그리고 회사에서는 언제나처럼 열심히 일하고 있지만 변하는 건 하나도 없다. 우리 모두는 어찌 할 수 없는 모순을 겪고 있을 텐데 나는 이 책을 통해 그 상황

에 종지부를 찍고 싶다. 솔직히 말하면 증명하고 싶다. 여러분이 하고 있는 일이나 공부가 세계를 확실히 움직인다는 것을. 눈앞에 놓인 일에 몰두하는 것이 새로운 세계로 연결된다는 것을.

나는 그 방법을 우연히 발견했다. 한 장의 퓨처매핑을 그리면 '꿈'이 '현실'이 되고 그것이 '세계'로 이어진다. 지금까지 유례가 없는 독특한 사고법이다. 독특하지만 다른 방법론을 부정하지 않으며 본질에 바탕을 둔 아주 심플한 것이어서 여러분이 지금까지 배운 지식과 경험을 포괄적으로 활용할 수 있다. 부족한 능력을 새롭게 익히는 게 아니라 이미 지닌 능력으로 성과를 내는 것이다. 그래서 이 책에 '대발견'이라는 제목을 붙였다. 정말로 이 방법이 대발견이라고 할 만큼 가치가 있는지는 여러분 스스로 판단했으면 한다.

그러기 위해 실제로 성과를 내는 걸 목표로 이 책을 읽기 시작해 보자. 먼저 여러분이 '21일간 성과를 내고 싶은 과제'를 자유롭게 선택하자. 그리고 그 과제를 달성하기 위해 이 책에 나온 방법을 따라 행동 시나리오를 작성해 보자. 마지막으로 그 시나리오에 따라 '딱히 노력할 필요가 없는 작은 단계'를 하나씩 밟아보길 바란다. 21일 후, 여러분의 과제는 전혀 예상하지 못한 과정을 거쳐 해결됐다는 사실을 알게 될 것이다.

어떤가, 만약 얇은 책 한 권으로 평생 성과를 내는 사고법을 손에 넣을 수 있다면 이 책을 읽을 가치가 충분하지 않을까?

대답이 '예'라면 이 책은 여러분을 위한 책이다. 앞으로 계속 읽어나가길 바란다. 일생일대의 마술 쇼를 보여드리겠다.

증명하고 싶다.

여러분이 하고 있는 일이나 공부가

세계를 움직인다는 것을.

한 장의 퓨처매핑을 그리면 '꿈'이 '현실'이 되고

그것이 '세계'로 이어진다.

부족한 능력을 새롭게 익히는 게 아니라

이미 지닌 능력으로 성과를 내는 것이다.

그래서 이 책에 '대발견'이라는 제목을 붙였다.

1장

현실을
가속화하는
사고법

비일상의 시작

여러분이 이 책에서 쓰게 될 마술은 '전뇌사고 모델'이다. 이미 3년 전에 두꺼운 책으로 정리했는데, 지금 이렇게 다시 쓰는 이유가 있다. 전작을 계기로 실천하는 동료(퍼실리테이터)를 모으기 시작했을 때부터 이 모델의 개발자인 나 자신조차 설명할 수 없는 신기한 일이 빈번하게 일어났기 때문이다. 당초에 우리는 단순한 우연이라고 생각하고 거기서 의미를 찾는 것을 피하기도 하고, 일어난 일에서 눈을 돌리기도 했다. 그런데 우리에게 자신의 존재를 주장하듯 신기한 일이 거듭 일어났다.

일반적인 사고법이라면 혼란스러운 머리가 정리되거나 재미있는 아이디어가 넘치는 정도의 효과를 얻겠지만 전뇌

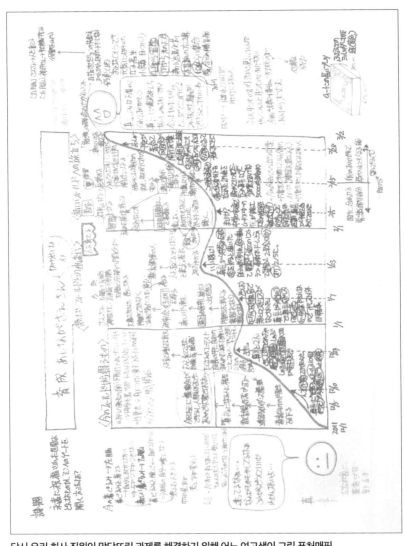

당시 우리 회사 직원이 맞닥뜨린 과제를 해결하기 위해 어느 여고생이 그린 퓨처매핑.

사고는 달랐다. 오해를 두려워하지 않고 직설적으로 말하자면 미래를 예견하는 것이 아닌가 싶은 일이 빈번하게 일어난 것이다.

구체적인 예를 들어보자. 옆 페이지의 퓨처매핑은 우리 회사 직원에게 주어진 과제를 해결하기 위해 어느 여고생이 그린 것이다. 2011년 12월에 그린 것인데, 2012년 2월경에 '간다 씨, 회사 문을 닫는다'라고 쓰여 있다. 나는 이것을 보고 할 말을 잃었다. 왜냐하면 회사 문을 닫게 되는 것은 사실이었기 때문이다.

2010년 말, 나는 피부암의 일종인 악성흑색종을 진단받고 치료에 전념해야 했다. (뒤에서 설명하겠지만, 다행히도 현재는 완치됐다.) 이 때문에 40명 정도 규모였던 회사를 유지하기 어려워져 프리랜서가 모인 프리 에이전트 형태로 변경할 수밖에 없었다. 이를 공표하려 계획했던 시점이 퓨처매핑에 기록돼 있는 2012년 2월이었던 것이다.

당연히 회사의 체제 변경은 대외비로 내부 구성원 외에는 아무도 몰랐다. 나와 그 여고생은 일면식도 없었고, 자신의 과제를 상담한 직원도 그 학생의 교실에서 단 한 번 만났을 뿐이다. 그런데도 이 퓨처매핑에는 그 학생이 알 리 없는 정보가 쓰여 있었다.

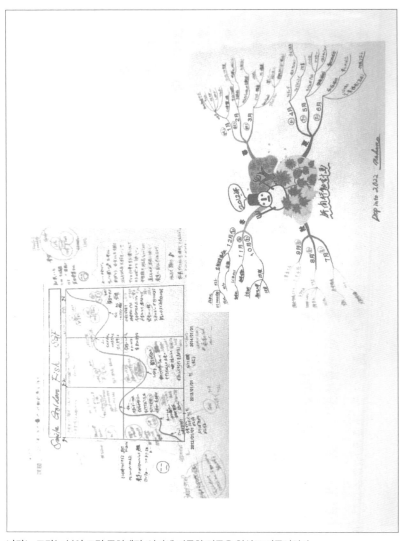

나카노 고라는 분이 그린 퓨처매핑. 여기에 기록한 것들은 현실로 이루어졌다.

다른 사례를 소개한다. 옆 페이지는 나카노 고라는 분이 그린 퓨처매핑이다.

"간다 씨와 함께 일한다", "책을 출판한다", "나의 기법을 활용하는 코치, 인스트럭터 육성" 같은 내용이 쓰여 있는데, 퓨처매핑을 그렸던 당시는 전혀 있을 수 없는 몽상에 지나지 않았다. 하지만 현실은 퓨처매핑에 적힌 대로 움직였다. 4월에는 나와 함께 일하게 됐고, 5월에는 그가 개발한 문장 작법 프레임워크인 '엠퍼시 라이팅empathy writing'의 강좌가 연일 만석을 이뤘다. 오랫동안 꿈꿔온 출간도 퓨처매핑에 나온 대로 대형 출판사를 통해 실현됐다!

나카노 씨는 이런 극적인 변화를 일으키기 위해 목적을 가지고 나에게 적극적으로 접근한 게 아니었다. 오히려 내가 먼저 그에게 접근했다. 나는 나카노 씨가 그린 퓨처매핑의 존재도 알지 못했으나 결과만 보면 꼭 이 퓨처매핑을 본 것처럼 그대로 움직였다.

이런 신기한 일이 일어나기 시작했을 때 전뇌사고의 실천자들은 시간 가는 줄 모르고 토의를 했다. 퓨처매핑에 그려진 미래가 맞아서 토의한 건 아니다. 맞았는지 틀렸는지만 따지면 틀렸을 때가 더 많아서 그 자체에 초점을 두는 건 별 의미가 없다. 우리의 관심은 어디까지나 현실적이었다. 전뇌사고로 종종 체험한, 미래 예지로 여겨지는 '의미 있는 우연synchronicity'은 어떤 조건에서 일어나는가? 또 과제를 해결하기 위해는 어떻게 활용해야 할까? 우리는 실현 가능성을 높이기 위해 가설을 세우고 실천을 거듭하여 모델을 개량해 나갔다. 그 결과 전뇌사고의 더 큰 가능성을 보았다.

본래 전뇌사고는 비즈니스에서 눈에 보이는 결과인 매출 수치를 향상시키기 위한 수단이다. 내가 15년간 마케터로 일하면서 경험한 성공 사례의 사고 과정을 분석하고 패턴화한 결과물이 전뇌사고이다. 처음에는 개인적으로 은밀히 사용했으나 고객이나 직원과의 미팅 자리에서도 큰 효과를 발휘했다. 과제 달성을 위한 내적 동기를 끌어올리고, 심리적 장벽을 제거할 수 있다는 것을 알게 된 것이다. 단순히 비즈니스 수단이 아니라 후배 직원과 고객을 대상으로 한 일대일 코칭 수단으로서의 측면도 발견했다.

나아가 여럿이 모인 그룹 회의에서 창조적 해결을 위한 퍼실리테이션 수단으로서도 크게 쓸모가 있었다. 나중에 설명하겠지만 전뇌사고에는 이야기를 창조하는 과정이 있는데 거기에는 전문적 지식이 전혀 필요하지 않아서 어린아이부터 어른까지 자연스럽게 대화를 나눌 수 있다. 처음 만난 사람 사이에도 서로 배우고 알려주는 이상적 지식 교류의 장이 만들어져 항상이라고 할 수 있을 정도로 가슴 설레는 아이디어가 많이 나왔다.

이렇게 탐구 과정을 시작하고 나서 순식간에 3년이 흘렀다. 우리 회사는 수없이 전뇌 미팅을 열었고 연달아 다양한 프로젝트를 시작한 결과 이 책의 내용을 포함해 수많은 지식을 창조하게 됐다. 그 사이 전뇌사고는 비즈니스계에서 교육계로 퍼졌고, 나아가 바다 건너 노르웨이와 미국에도 실천하는 이들이 생겼다.

이러한 시행착오 끝에 전뇌사고를 통한 창조적 문제 해결은 "마술 쇼를 보여주자"라고 자신 있게 말할 수 있을 정도로 반복적이고 신뢰할 수 있는 성과를 보여주었다. 이 책의 목적은 지난 3년의 세월을 앉은 자리에서 읽을 수 있도록 정리해 책으로 공유하고, 여러분도 그 과정을 21일 동안 실제로 체험하게 하는 것이다.

본질은
주변에서 나타난다

마술 쇼를 시작하기 전에 트릭을 조금만 공개하려 한다. 아니 트릭도, 장치도 없다면서 나는 왜 이런 말을 하는 것일까. 그 이유는 여러분이 시작할 21일 동안의 과제 달성을 위한 체험에서는 지금까지 듣도 보도 못한 접근법을 쓰게 될 것이기 때문이다. 이 혁신적 기법의 목적은 여러분의 과제 달성이지만 그 과제와는 전혀 관계가 없어 보이는 작업에도 많은 시간을 할애하게 된다. 어쩌면 여러분 중 일부는 자신이 뭘 하려는 건지 알지 못하고 놀랄 만한 결론에 이르기도 전에 이 책을 던져버리지 않을까 걱정되기 때문이다.

전뇌사고를 질병 치료에 비유해보자. 전뇌사고는 배가 아프다는 환자의 배를 진단하는 대신, 성장 과정을 자세히 묻거나 어떤 반려동물을 키웠는지 등을 묻는 것과 같다. 그러면 환자는 빨리 배 부위에 엑스레이를 찍어달라고 요구하고 싶어질 것이고, 성격이 급한 환자는 다른 의사를 찾아가 약을 처방받을 것이다. 일반적으로 이것이 현명해보이는 합리적 대응이다. 하지만 이러한 매뉴얼적 대응은 대증요법이 되기 쉬워 머지않아 더 심한 복통에 시달리게 된다. 복통의 근본적 요인은 어린 시절부터의 식생활일 수도 있고, 반려동물과 관련된 알레르기일는지도 모른다. 이렇게 근본까지 파헤쳐 생각해야 병이 재발하지 않을뿐더러 자신의 건강에 관해 깊은 깨달음을 얻을 수도 있다.

이렇게 전뇌사고는 과제 자체가 아니라 과제 주변부터 시작해 서서히 접근해간다. 그래야 본질적인 해결책을 낼 수 있는데 문제에 직접 접근하는 것이 익숙한 독자가 보기에는 "간다 씨는 무슨 쓸데없는 짓을 자꾸 하는 거야?"라고 말하며 의문으로 가득하게 될 것이다. 그래서 이런 분도 이 책을 쉽게 읽어나갈 수 있도록 먼저 전뇌사고의 원리부터 설명하고자 한다. 앞에서 설명한 트릭과 장치는 지금은 상당히 앞서가는 것처럼 느껴지겠지만, 몇 년만 지나면 당연한 상식으로 인식될 것이다.

3시간의 회의,
3년 치의 결과

전뇌사고를 하면 어떤 결과가 나올까? 예를 통해 살펴보자.

유명한 '후지소바'를 경영하는 다이탄 그룹에서 그린 퓨처매핑의 주요 내용은 다음과 같다.

과제

'후지소바' 이름을 내세우지 않고 여성 대상의 새로운 식당 콘셉트를 만들려면?

배경

'서서 먹는 메밀국수'란 업태를 개발하고 확립한 '후지소바'. 간토 지방을 중심으로 약 100여 개 식당을 운영하고 있으며 지명도도 높다. 안정된 실적을 올리고 있지만 비즈니스 모델은 이미 성숙기이다. 남성 중심의 고객층은 확장성이 제한적이어서 경영진은 지하철 역사와 연결된 상점가 등에도 쉽게 출점이 가능한 신규 업태 개발을 검토했다.

전뇌사고를 통한 깨달음

여성을 타깃으로 가정했으나 전뇌사고 결과 반드시 여성에 연연할 필요는 없다는 결론이 나왔다. 게다가 당초 생각했던 향후의 성장을 담당할 신규 업태 개발은 표층적 이슈이고, '후지소바'의 강점을 그룹 전체에 알려야 한다는 것이 근본적 과제임이 명확히 드러났다.

결과

퓨처매핑을 그리고 나서 많은 것이 급속도로 변하기 시작했다. 단 4개월 후, 후지소바가 제공하고자 했던 근원적 가치인 '안심할 수 있는 공간'을 콘셉트로 한 신규 점포인 '츠케소바탓탄'을 열고 쓴 메밀가루를 넣은 소바를 선보였다. 이곳은 첫날부터 장사진을 이루는 인기 식당이 됐는데, 변화는 이걸로 끝이 아니었다.

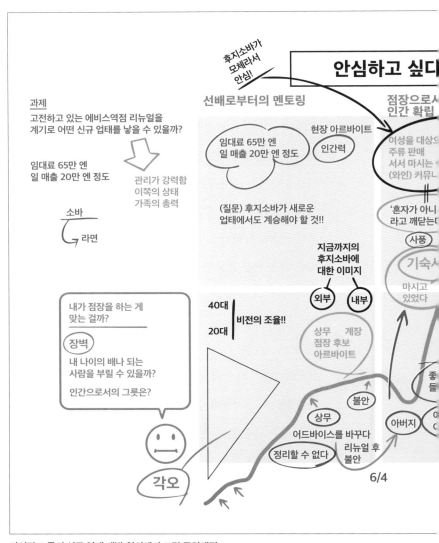

다이탄 그룹의 신규 업태 개발 회의에서 그린 퓨처매핑.

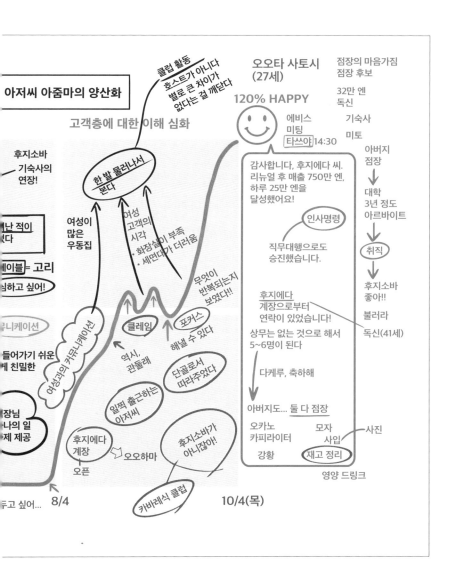

오오타 사토시
(27세)

120% HAPPY

아저씨 아줌마의 양산화

고객층에 대한 이해 심화

클럽 활동
호스트가 아니다
별로 큰 차이가
없다는 걸 깨닫다

점장의 마음가짐
점장 후보

32만 엔
독신

기숙사

미토

아버지
점장
↓
대학
3년 정도
아르바이트
↓
취직
↓
후지소바
좋아!!

불러라

독신(41세)

에비스
미팅
타쓰야 14:30

감사합니다, 후지에다 씨.
리뉴얼 후 매출 750만 엔,
하루 25만 엔을
달성했어요!

인사명령

직무대행으로도
승진했습니다.

후지에다
계장으로부터
연락이 있었습니다!

상무는 없는 것으로 해서
5~6명이 된다

다케루, 축하해

아버지도... 둘 다 점장

오카노
카피라이터

강황

모자
사입

재고 정리

사진

영양 드링크

후지소바
기숙사의
연장!

한 발 물러나서
본다

여성이
많은
우동집

여성
고객의
시각
·화장실이 부족
·세면대가 더러움

무엇이
반복되는지
보였다!!

난 적이
다

이블= 고리
하고 싶어!

니케이션

들어가기 쉬운
에 친밀한

장님
나의 일
제 제공

클레임

포커스

해낼 수 있다

역시,
관둘래

단골로서
따라주었다

일찍 출근하는
아저씨

후지에다
계장

오오하마

오픈

후지소바가
아니잖아!

고 싶어...   8/4

카바레식 클럽

10/4(목)

앞에서 소개한 퓨처매핑 사례는 다이탄 그룹의 임원진이 신규 업태를 개발할 때 그렸던 것이다. 이 다이탄 그룹은 유명한 '후지소바' 브랜드를 일본 전역에 걸쳐 100여 개의 점포에서 운영하고 있다. 신규 업태 개발 회의의 흐름은 이러했다.

처음에는 여성을 위한 새로운 음식점을 만들자는 아이디어가 있었고, 건강 지향 메뉴를 개발하려고 했다. 이것은 임원들에게 두 가지 면에서 큰 도전이었다. 먼저 '후지소바' 이름을 내세우지 않는 점포를 차리는 것. 이는 지금까지의 브랜드 자산에 의지할 수 없다는 뜻이다. 이어서 여성 고객을 타깃으로 삼는 것. 기존의 후지소바 고객은 80%가 남성으로 여성을 위한 음식점을 운영한 경험이 거의 없었다. 그래서 그룹의 임원 네 명, 그리고 고객 대표 세 명이 모여 세 시간가량 회의를 했다. 나는 회의를 진행하는 퍼실리테이터를 맡았다.

이 회의의 결과는 어땠을까? 전뇌사고로 이야기를 진행하자 '커뮤니케이션', '매니지먼트', '사원 기숙사', '2세대 대화' 같은 여성용 사업 개발과는 관계가 없는 키워드만 나왔다. 이것을 통해 머리로는 여성들을 주 타깃으로 하는 음식점의 수익성을 따지고 있지만, 내심 현실성이 없다고 느끼고 있음을 알 수 있었다.

여기서 큰 의문이 생기기 시작했다. 정말로 여성 타깃의 메밀국수 전문점을 개발하는 것이 정답일까? 우리는 대화를 거듭하면서 이 프로젝트의 진정한 테마가 신규 업태 개발이 아니라는 것을 깨닫기 시작했다. 진짜 과제는 바로 앞에서 나온 키워드에서 유추할 수 있듯 후지소바의 이름을 내세우지 않을지라도 계승해야 할 후지소바의 강점은 그룹 내에 깊숙이 침투시켜야 한다는 것이다.

회의를 마칠 무렵 임원 중 한 명이 다음과 같은 말로 마무리했다.

"새로운 업태를 만드는 것보다는 이 프로젝트를 계기로 후지소바의 강점을 앞으로도 굳건히 계승하겠다는 각오가 훨씬 더 중요한 것 같은데요."

각오란 말이 입에서 흘러나왔을 때 그 자리의 온도가 극명히 달라졌다.

회의 뒤풀이는 나카메구로의 작은 이탈리안 레스토랑에서 진행했다. 큰 웃음 속에서 베테랑 임원과 젊은 임원 사이에 날카로운 말이 오갔다.

"이걸로 사장님이 보여주신 전폭적 지지에 보답할 수 있어. 지금 하지 않으면 언제 하겠나. 지금 당장 '제가 하겠습니다' 하고 자네가 선언하게."

"제가 해도 괜찮겠습니까?"

"해도 괜찮은 게 아니라 해야 해. 자네가 하얗게 불태우면 유해는 내가 수습해주지. 으하하하."

"네, 알겠습니다. 각오하십시오."

뒤풀이에 참석한 모두는 얼큰하게 취해 있었다.

놀랄 만한 일이 일어난 것은 그 이튿날이었다. 창업주 사장이 어제 신규 프로젝트를 맡기로 선언한 젊은 임원을 호출했다. 그리고 세상에, 신규 점포 개발 책임자로 그를 선정한 것이다!

그 사장은 간밤에 무슨 일이 있었는지 전혀 몰랐는데도 임원들이 뒤풀이 때 선언한 것이 현실이 되기 시작했다. 그때부터 프로젝트는 더욱 속도가 붙었다.

임원들 사이에 '사장님에게 보답한다'라는 공통 의식이 싹튼 결과 메뉴 개발, 타깃, 콘셉트, 매장 레이아웃, 로고, 네이밍 작업 등이 착착 진행됐다. 특히 맛에 대해서는 타협을 하려 들지 않았다. 납득할 만큼 맛있지 않으면 이 기획 자체를 끝장낸다는 각오였다. 시식을 계속한 끝에 "아니, 이 맛은……!" 하고 감탄이 터져 나올 만한 맛을 만들어냈다.

이 프로젝트만으로도 벅찼는데, 해외에서의 출점 요청도 검토 후 결국 함께 진행하기로 결정했다. 지금까지는 이름을 지키는데 급급했던 다이탄 그룹에 갑자기 변화가 일어나기 시작한 것이다.

신규 점포를 열기까지 몇 주 남지 않았을 때, 나는 회의를 주최한 임원에게 이메일을 보냈다. "새 책을 쓰고 있는데, 그 회의에서 그렸던 퓨처매핑을 소개해도 될까요?"라고. 메일을 받은 임원은 그 회의 때 그린 퓨처매핑을 오랜만에 꺼내보았다. 그리고 깜짝 놀라서는 나에게 이런 내용으로 메일을 보내왔다.

"까맣게 잊어버리고 있었는데⋯⋯, 최종 결정한 신규 업태 콘셉트가 그 당시 퓨처매핑에 이미 쓰여 있었어요;;;"

그의 말대로 퓨처매핑에는 주제가 큼직하게 쓰여 있다. "할머니와 함께 있는 것처럼 안심할 수 있는 장소를 양산한다"라고. 사실 이 주제에 대해서는 회의에 참여한 사람들 모두 글자를 넘어 이미지로 뇌리에 새겨놓고 있었다. 전뇌사고로 대화할 때 창업주 사장의 일화가 대화 주제로 올랐기 때문이다.

사장은 혼자 상경했을 때 어머니 연배의 여성이 운영하

는 작은 음식점을 매일 같이 다녔다. 거기에는 커다란 원형 테이블이 있었다. 사장은 모르는 사람들끼리 둘러앉는 그 테이블에 앉는 걸 늘 좋아했다. 이렇게 누구나 안심할 수 있는 식당을 여는 것. 그것이 후지소바를 창업하게 된 시작이었다. 이번에는 '후지소바'란 이름은 내세우지 않았으나, 신규 점포를 내며 후지소바의 기원으로 다시 돌아갔다고 할 수 있다.

퓨처매핑을 그리고 나서 고작 4개월. 후지소바의 새로운 도전인 '할머니와 함께 있는 것 같은 식당' 타탄은 2012년 10월 10일 10시에 문을 열었다. 결과는 첫날부터 웨이팅이 끊이지 않으면서 연일 대성황을 이뤘다. 사실 그들은 매출보다 더 중요한 것을 얻었다. 누구도 말하지 않았지만 알고 있는 것, 바로 '후지소바'란 간판을 짊어지고 있다는 긍지였다.

전뇌사고 모델의 개발자인
나 자신조차 설명할 수 없는
신기한 일이 빈번하게 일어났다.

단순한 우연이라고 생각하고
거기서 의미를 찾는 것을 피하기도 하고,
일어난 일에서 눈을 돌리기도 했다.

그런데 우리에게 자신의 존재를 주장하듯
신기한 일이 거듭 일어났다.

2장

꿈과
동조되는
현실

세 가지 장치

반드시 해결해야 할 과제가 하나 있다. 그것은 바로 '여성을 위한 메밀국수점이라는 신규 업태를 만드는 것.' 10여 년 전의 경영 컨설턴트나 비즈니스 리더라면 이 과제의 해결책을 찾아내기 위해 어떻게 접근했을까? 정석대로 한다면 아마 시장 분석과 경쟁 업체 분석으로 시작할 것이다. 그리고 3개월 후 '여성을 위한 메밀국수점을 내봤자 경쟁 우위가 없다'라고 정확히 결론을 냈을지도 모른다. 누군가가 "그러면 어떤 식당을 해야 성공할까요?"라고 물을 때 전형적인 대답은, "그건…… 이어서 분석해보지 않으면 모릅니다……."

이전에는 조사와 분석만 해도 어느 정도 부가가치를 만

들 수 있었지만 인터넷의 발달로 누구나 웬만한 조사나 분석은 할 수 있게 됐다. 그 결과 지금 필요한 것은 단순히 정답이 아니다. 움직일 의욕이 생기지 않는 정답이 중요한 것이 아니다. 그보다는 우리가 해내지 않으면 소중한 것을 잃어버릴 수도 있다는 생각이 들게 하는 말과 이미지를 마음속에 심을 수 있는지가 중요하다. 그 결과로 미래를 향한 명확한 의지와 각오를 다질 수 있는지가 관건이다.

이제는 이러한 변화를 일으키는 힘, 현실을 실질적으로 바꾸는 능력이 요구되기 시작했다. 전뇌사고는 여러분에게 바로 이 현실을 바꿀 능력을 제공한다.

팀원끼리 신뢰할 수 있는 자리를 마련하고 서로의 지식, 경험을 공유해야 생각지도 못한 미래의 문을 여는 행동 시나리오를 만들 수 있다. 그러면 내적인 동기가 굉장히 높아져서 이제는 그저 손을 놓고 가만히 지켜보기만 하면 된다. 여러분이 있든 없든 팀은 이상적인 현실을 향해 움직이기 시작할 것이다.

어쩌면 여러분은 그저 듣기 좋은 이야기 아니냐고 묻고 싶을 것이다. 하지만 이렇게 입맛대로 굴러가는 현실이 전뇌사고 실천자들 주변에서는 매일 일어나니 어쩔 수 없다.

입장과 분야를 넘어 곳곳에서 큰 변화의 파도가 일어나기 시작한다. 심플한 한 장의 퓨처매핑으로 누구나 현실을 바꿀 수 있는 힘이 생기는 것이다.

그렇다면 이 한 장의 퓨처매핑에 왜 이런 힘이 있는 것일까? 정확히 말하면 어떻게 한 장의 퓨처매핑이 이렇게까지 여러분의 힘을 끌어내는 것일까? 전뇌사고 모델에는 이전에 등장한 사고법에서 볼 수 없는 아주 독특한 장치가 세 가지 있다. 하나씩 살펴보자.

첫 번째 장치:
상상 속 이야기를 현실로

들어가기 전에 아래의 퓨처매핑 기본 포맷을 보자.

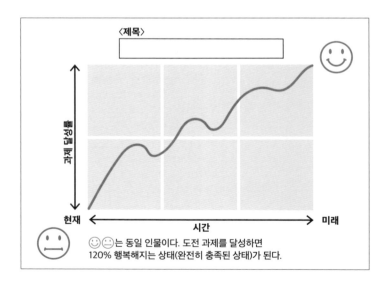

간단히 말하면 전뇌사고 모델로 도전 과제를 달성하기 위한 행동 시나리오를 얻을 수 있다. 퓨처매핑의 세로축은 과제 달성률, 가로축이 시간 그리고 오른쪽 위로 올라가는 곡선은 시간의 경과와 함께 과제가 달성되는 것을 보여준다. 여기까지라면 흔히 볼 수 있는 퓨처매핑이지만 전뇌사고에는 다른 곳에서 볼 수 없는 강력한 원리가 있다. 전뇌사고로 해결책을 찾아내는 과정은 2단계로 나뉜다. 일단 상상 속 이야기, 즉 '꿈'을 꾼다. 이 작업은 퓨처매핑의 곡선 아래쪽에서 이뤄진다. 그리고 다음 단계에서 꿈을 '현실'로 번역한다. 이 작업은 곡선의 위쪽에서 이뤄진다.

심리상담사가 이 그림을 본다면 대개 곡선 아래쪽을 잠재의식, 위쪽을 현재의식으로 이해할 것이다. 방법은 뒤에서 자세히 설명하겠지만, 아래쪽은 여러분이 과제를 수행함에 따라 제삼자가 행동하는 이야기를 그리는 것이 주된 작업이다. 이야기를 만들 때는 내가 깨닫지 못하는, 다시 말해 잠재적인 자신이 생각 이상으로 투영되므로 이 곡선 아래쪽은 잠재의식 영역이라고 해도 좋을 것이다.

다만, 정확히 말하면 잠재의식과는 뉘앙스가 조금 다르다. 잠재의식은 스스로 컨트롤을 하지 못한다는 인식이 있

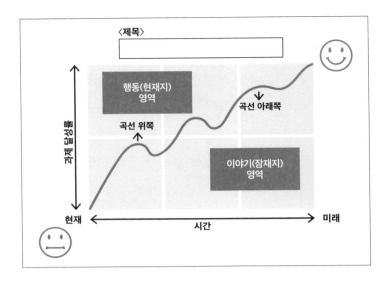

다. 그렇지만 곡선 아래의 이야기 영역은 의도적으로 이야기를 만드는 것으로 완전히 컨트롤할 수 있다. 그리고 지식과 경험을 총동원하여 꿈을 꾸듯이 자유롭게 인식을 펼치는 창조적 영역이기도 하다. 그래서 전뇌사고에서는 곡선 아래쪽을 '잠재지' 영역이라고 한다.

한편, 위쪽 영역에서는 아래쪽에서 펼쳐진 꿈을 현실적 행동에 반영하는 작업이 이뤄진다. 아래쪽에 적힌 이미지와 글을 보고 떠오른 아이디어와 행동을 위쪽에 적는다. 여기는 과제를 달성하기 위해 아이디어를 정리하는 분석 영역이어서 '현재지' 영역이라고 한다.

전뇌사고는 한 장의 퓨처매핑 안에 '잠재지'와 '현재지' 영역을 포함해 각각의 상호관계를 표현한다. 또 시간 축을 짝지어 과제를 달성하기 위한 행동 시나리오를 그려낸다. 이렇게 '잠재', '현재', '과거', '미래'에 이르기까지 뇌를 풀 가동 하도록 유도해 전뇌사고라고 부른다.

그런데 왜 퓨처매핑에는 '잠재지'와 '현재지'로 곡선을 위아래로 나누는 구조를 넣은 것일까? 그리고 그것은 왜 과제 달성에 강력한 효과를 발휘하는 것일까? 그 답은 한 영화를 보면 알 수 있다.

영화 〈인셉션〉과
전뇌사고의 공통점

이 구조를 이해하는 최고의 방법은 영화 〈인셉션〉을 보는 것이다. 〈배트맨〉 시리즈로 유명한 크리스토퍼 놀란 감독의 작품으로 일본에서 《전뇌사고》가 출간되고 반년 후에 공개되었다. 나는 영화관에서 이 영화를 보고 충격을 받았다. 왜냐하면 내가 보기에 이 영화는 픽션이 아니라 바로 전뇌사고에 의한 과제 달성 과정에서 겪는 사건 그 자체였기 때문이다. 영화의 내용을 일부 소개한다.

주인공 코브는 사람의 꿈(잠재의식)에 들어가 생각이 구현되기 전에 '훔치는' 특수 보안요원이다. 그런 그에게 강력한 권력을 가진 대기업의 수장 사이토가 일을 의뢰한다. 의

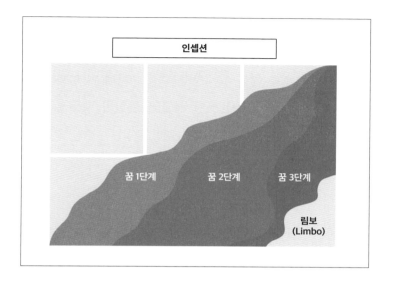

인셉션

꿈 1단계　꿈 2단계　꿈 3단계

림보
(Limbo)

뢰 내용은 경쟁사인 거대 에너지 회사 피셔 머로우를 무너 트리는 것. 이를 위해 생각을 훔치는 것이 아닌, 반대로 생 각을 심는 것(인셉션)을 실행하고자 피셔 머로우의 후계자 로버트의 꿈속에 코브를 잠입시킨다. '회사를 망하게 해야 한다'는 생각을 심어서 꿈에서 깬 후 현실에서 행동하게 만 들기 위해.

이처럼 〈인셉션〉은 타인의 꿈에 들어가 그 꿈을 재구성 하면 현실에서 상대의 행동을 바꿀 수 있다는 것을 전제로 만들어진 영화다. 놀란 감독은 이 영화를 10년 가까이 구상

했다고 한다. '꿈'과 '잠재의식'에 관한 전문가들의 도움을 받은 결과 전문 심리상담사가 봐도 배울 점이 있는 지식 체계를 치밀한 오락 영화로 재창조했다. 그런데 이 영화의 설정처럼 잠재의식을 다시 쓰면 정말로 현실의 행동은 영향을 받게 될까?

이야기가 현실을
강력하게 움직이는 원리

〈인셉션〉을 다루며 마지막에 했던 질문에 대해 답을 하려 한다. 내가 15년 동안 경영 컨설턴트로 일하면서 얻은 실용적이고 경험적인 답은 분명하게 '예스'다.

내가 30대 중반에 독립했을 때 단기간에 매출을 끌어올릴 수 있는 구체적인 홍보 문구와 마케팅 모델을 제공하는 것을 무기로 삼았다. 절정일 때는 해마다 2000건 가까이 쉬지 않고 상담을 했다. 이를 반복하는 동안 고객이 일시적인 것이 아니라 지속적으로 매출을 올릴 수 있는지 여부와 관련해 중요한 사실을 발견했다. 외부에서 주어진 지식과 기술, 즉 전략 구축법과 마케팅 기법은 어디까지나 계기일 뿐이었다. 근본적으로는 고객 내면에 흐르고 있는 이야기에 큰 영향을 받고 있었다.

내면에서 흐르는 이야기는 그 이야기를 진행하는데 편리한 수단과 캐릭터, 에피소드를 모은다. 가령 '돈 따위 중요하지 않아'라는 이야기가 나올 때는 팔릴 것 같지 않은 상품을 발견하고, 돈과 관계가 없는 곳에서 사는 사람과 만나고, 아무리 봐도 돈이 되지 않는 일에 정력을 쏟는다. 그 결과 아무리 열심히 일을 해도 돈은 타인에게 다 흘러 들어간다. 반대로 '돈을 벌어서 즐겁다'라는 이야기가 나올 때는 돈을 찍어내는 듯하게 잘 팔리는 상품이나 좋은 인연이 찾아 들어온다. 좋은 상품을 고르는 방법, 좋은 비즈니스 모델을 구축하는 방법, 좋은 인맥을 맺는 방법 같은 노하우를 아무리 알려줘도 결국 현실에서 잘 활용할 수 있느냐 없느냐는 고객이 직접 만들어내는 이야기로 결정된다.

현실이 이야기와 동조되는 것은 간단한 즉흥 연극으로 체험해볼 수 있다. 먼저, 일곱 명을 모은다. 그중 한 명은 진행자 역할을 하고 나머지 여섯 명은 연기자를 한다. 연극의 주제는 목표 실현. 여섯 명의 연기자에게 어떤 목표를 실현하는 프로젝트를 연기해보라고 주문하면 어려워 보인다는 볼멘소리가 나올 테지만, 실은 아주 간단하다. 대사가 숫자밖에 없기 때문이다.

기본 규칙은 이러하다. 숫자 1은 프로젝트를 시작하는 순간이다. 그리고 숫자 100은 목표를 실현한 순간의 대사다. 연극을 시작하면 연기자 중 한 명이 즉흥적으로 1부터 순서대로 숫자를 말한다. 가령 첫 사람이 "1, 2!"라고 말하면 다음 사람이 "3, 4, 5, 6!"이라고 이어서 말하는 식이다. 숫자는 몇 개든 원하는 만큼 말해도 되지만, 한 가지 규칙이 있다. 숫자를 말할 때 감정을 담아야 한다. 여러분도 이 연극을 해보면 느끼겠지만 흥미롭게도 진행 되는 분위기가 다소 밝으면 어두운 톤으로 말하는 사람이 나오고, 반대로 분위기가 너무 가라앉아 있으면 희망에 찬 톤으로 말하는 사람이 나온다.

그렇다면 진행자는 무슨 역할을 할까? 진행자의 역할은 연극의 분위기가 고조되는 순간과 침체되는 순간에 나온 숫자를 메모해두는 것이다. 그러면 즉흥 연극의 기복을 확실하게 알 수 있다.

여러분이 생각하기에 어느 숫자에 흥이 오르고, 어느 숫자에 침체될 것이라고 생각하는가? 몇 개의 그룹에 이 즉흥 연극을 해보도록 했더니 재미있게도 분위기가 고조되는 지점은 20 후반에서 30 전반, 60에서 70 그리고 80에서 90쯤

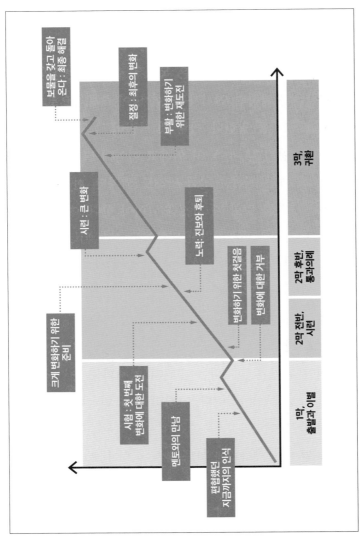

할리우드 영화에서 공통적으로 발견할 수 있는 시나리오의 흐름.

이었다. 반대로 분위기가 정체되는 곳은 이 범위들 사이라는 경향이 공통적으로 나타났다.

이 타이밍은 할리우드에서 제작되는 영화에서 공통적으로 발견되는 법칙(신화의 법칙)과 유사하다. 할리우드에서는 거액을 투입한 제작비를 확실하게 회수하기 위해 신화학자 조지프 캠벨Joseph Campbell이 만든 신화 패턴에 근거해 시나리오를 구성한다. 다시 말해 우리는 전혀 의식하지 않았더라도 행동이 신화에 영향을 받는다고 할 수 있는 것이다.

30대가 쓰레기를
열심히 줍는 이유

이야기에 따라 행동이 영향을 받는다는 것은 우리가 어린 시절에 몰입해서 보던 텔레비전 방송이 성장한 후 어떤 영향을 미치는지만 봐도 잘 이해할 수 있다.

나는 1960년대에 태어난, 이른바 '초대 울트라맨 세대' 이다. 내가 어린 시절에 푹 빠져서 봤던 〈울트라맨〉에 등장하는 괴수는 누가 봐도 '악' 그 자체인 존재이다. '정의'의 사자인 울트라맨은 가슴의 컬러 타이머가 깜박일 때까지 전투를 오래 끌고 도시를 엉망진창으로 파괴한다. 무너진 잔해가 모여 산더미처럼 된 순간! 컬러 타이머가 깜박이면 그제야 드디어 스페시움 광선을 사용해 괴수를 쓰러트린다. 울트라맨은 전투가 끝난 후 죽은 괴수를 처리하는 문제나 도시에 쌓인 잔해에 대해서는 개의치 않는다. 그저 "슈와치!"라는 구호와 함께 날아갈 뿐이다.

한편, 2001년 7월에 처음 방송된 〈울트라맨 코스모스〉에 등장하는 울트라맨은 강인함과 부드러움을 겸비한 울트라맨이다. 여기서는 괴수가 악당이 아니고 지구에 공존할 수 있는 '생물'로 본다. 그래서 살상하지 않고 괴수를 무해화해 보호한다. 치열한 전투를 하지 않으니 건물 잔해나 쓰레기도 최소화할 수 있다. 전투가 끝날 때까지 마음을 쓰는 울트라맨이다.

기성세대가 자신의 일을 데드라인까지 미루고 미루다 겨우 끝내고는 "먼저 퇴근합니다!" 하면서 태연히 사라지는 모습은 마치 울트라맨이 "슈와치!" 하고 사라지는 것처럼 보이는 건 나뿐일까? 반면 MZ세대가 주말이 되면 쓰레기를 주우며 열심히 자원봉사를 하는 것은 어린 시절 마음에 새겨진 이야기가 다르다 보니 지구를 위한 친환경 행동이 자연스럽게 몸에 밴 것은 아닐까?

현재 30대가 된 이른바 '포켓몬 세대'는 싸운다는 것이 게임에 지나지 않게 된다. 이들은 아예 자신의 외부에 '악'을 설정하지 않는다. 이들이 생각하기에 사람들은 한 명 한 명 다 다르고, 모두가 사랑스러운 존재이고, 각 사람들은 진화한다.

그들 내면에 흐르고 있는 이러한 이야기와 현재의 구직난을 생각하면 앞으로 사회의 프리에이전트화가 점점 더 가속화될 거라고 예상되지 않는가?

타인의 이야기를 다시 쓸 때
나만의 현실이 시작된다

우리는 태어난 이후 여러 사람으로부터 다양한 이야기를 접하면서 큰 영향을 받는다. 정도의 차이는 있겠지만 가정이나 학교, 회사에서 반복해서 접하는 이야기를 받아들이게 된다. 그러면 그 이야기의 무대 위에서 자신에게 맞는 역할을 결정하고 연기한다. 타인이 만들어낸 이야기 속에서 현실이 창조되는 것이다.

하지만 타인이 만든 이야기는 언젠가부터 진부해진다. 부모나 회사로부터 들어온 이야기도 그것으로는 설명할 수 없는 새로운 사실이 자꾸 등장한다. 더 나아가 지금까지의 인식을 완전히 뒤집을 만한 일이 일어나기도 한다. 그래서 우리는 앞날이 보이지 않아 불안을 느끼기 시작한다. 하지

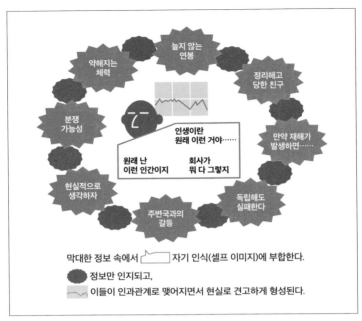

의 라벨 내용:

늘지 않는 연봉

약해지는 체력

정리해고 당한 친구

분쟁 가능성

만약 재해가 발생하면……

현실적으로 생각하자

독립해도 실패한다

주변국과의 갈등

인생이란 원래 이런 거야……

원래 난 이런 인간이지

회사가 뭐 다 그렇지

막대한 정보 속에서 [   ] 자기 인식(셀프 이미지)에 부합한다.

정보만 인지되고,

이들이 인과관계로 맺어지면서 현실로 견고하게 형성된다.

내면의 인식에 갇혀 있을 때 만들어지는 현실.

만 그동안 이야기가 되풀이되면서 강화된 인식에 갇혀 있는 터라 그 '현실'이 무너지기 시작해도 우리는 행동을 바꾸지 못한다.

그렇다면 이런 불안에서 해방되고 빛나는 생명력을 되찾으려면 어떻게 해야 할까? 이쯤 되면 여러분은 답이 무엇인지 알고 있을 것이다. 바로 현실의 전제가 되는 이야기, 즉 타인이 쓴 이야기를 자신의 이야기로 다시 써나가는 것이다. 이것은 우리의 상상 이상으로 극적인 효과를 낳는다.

앞에서 소개한 다이탄 그룹의 경우 전뇌사고를 하기 전 임원진 내면에 흐르고 있었을 이야기를 추측해보면 다음 같았을지도 모른다.

'다양한 사업 경험 그리고 성공과 실패를 겪은 끝에 사장님은 후지소바를 세우셨다. 그런데 미숙한 젊은이들이 괜한 짓을 해서 이 완성된 모델을 망치는 건 아닐까.'

하지만 간부들은 전뇌사고로 집단지성 속으로 들어가 더 깊은 곳에 흐르는 이미지와 말을 건져올린 끝에 다음과 같이 새로운 이야기를 엮어낸 것이다.

'창업 사장이 이룩한 완성 모델을 앞으로 그룹 전체에 스며들게 하려면 신규 업태 개발을 반드시 성공시켜야 한다. 지금이야말로 원점으로 돌아가 은혜를 갚지 않으면 안 되는 때다.'

이렇게 이야기를 다시 쓸 수만 있으면 지금까지 굳이 보려 하지 않았던 기회와 선택지가 별안간 눈앞에 툭 떨어진다. 마치 그릇이 엄청나게 커져서 그 그릇을 서둘러 채우지 않으면 안 되는 것처럼 새로운 프로젝트가 차례차례 생겨나는 것이다.

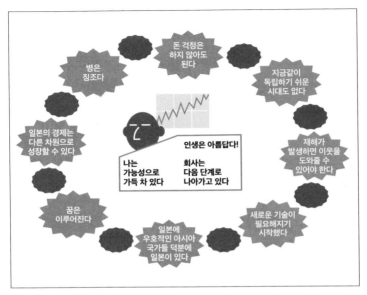

이야기를 다시 쓸 때 기회와 선택지가 나타난다.

일반적으로 조직 내부에서는 이야기를 자발적으로 다시 쓰지 않는다. 이미 기존의 이야기가 진행되고 있어서 거기에 맞지 않는 사실은 철저하게 배제되기 때문이다. 한창 상연 중인 연극 무대에 지금까지의 진행과는 전혀 어울리지 않는 장면을 연출하거나 엉뚱한 출연자를 등장시킬 수는 없는 법이다.

이런 분위기도 순탄하게 바꿀 수 있는 방법이 하나 있

다. 그 결과 정체된 이야기는 놀라울 정도로 재미있는 이야기로 바뀌게 된다. 별것 아니면서도 아주 강력한 방법이다. 누구나 지니고 있는 본질적인 힘을 사용하는 것이다. 그것은 바로 이타심이다. 이야기를 다시 쓸 때 이타심을 중심축으로 삼는 것이다. 이타심, 이것이 전뇌사고의 두 번째 장치다.

두 번째 장치:
이타심, 누군가를
행복하게 할 이야기

첫 번째 장치에서 설명한 것처럼 전뇌사고에서는 먼저 곡선 아래에 이야기를 만드는데 이때 주인공이 필요하다. 주인공은 당연히 여러 명이 아니므로 한 명으로 좁힌다. 그리고 이 주인공을 120% 행복하게 만드는 이야기를 만든다. 이것이 두 번째 장치다.

그러면 앞에서 함께 살펴보았던 후지소바 사례를 들어 이야기를 만드는 과정을 설명해보겠다. 상세한 내용은 다음 장에서 자세히 설명할 테니 지금은 대략적으로 살펴보고 윤곽만 이해하는 것만으로도 충분하다.

120% 행복해질 주인공 찾기

위 이미지의 스마일 마크 위에 오오타 사토시(가명)라는 이름이 쓰여 있다. 그는 신규 업태로 변경될 예정인 점포에서 근무 중인 입사 7년차 사원으로 점장 후보이다. 미팅을 진행한 7명은 여성 고객을 타깃으로 한 신규 업태 개발이라는 과제에서 120% 행복해질 대상으로 오오타 씨를 골랐다. 그런데 왜 100%가 아니라 120%일까?

전뇌사고 개발자로서 나의 의도를 정확하게 표현한다면 과제를 달성했을 때 주인공이 '완전히 충족된 상태'가 되었으면 하고 바랐기 때문이다. 그러면 100% 행복하면 충분하지 않느냐고 생각할 수 있다. 하지만 굳이 120%라는 숫자를 쓴 이유는 현상의 연장선에 있는 '연속된' 수준에서 머무는 게 아니라 현실에서 도약한 '비연속' 수준으로 발상을 하고 싶었기 때문이다.

주인공의 감사 인사 상상하기

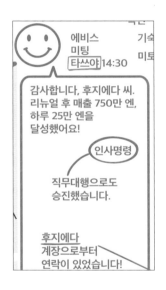

완전히 충족된 주인공이 미래에 여러분에게 감사 인사를 하는 상상을 해보자. 그때의 장면, 대사, 등장인물을 자세히 묘사한다. 예를 들면 다음과 같을 것이다.

"감사합니다. 덕분에 매장 오픈 후 일 매출 25만 엔, 월 매출 750만 엔이 되어 대성공을 거뒀습니다. 승진도 하게 됐습니다."

이 말을 하게 된 것은 오후 4시 반, 단골 술집. 상사들이 미팅이라고 해놓고 몰래 준비한 깜짝 파티 자리에서.

주인공의 충족되지 않은 바람

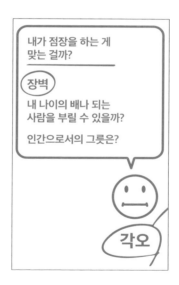

현재, 주인공은 어떤 채워지지 않은 바람을 갖고 있을까. 혼

자일 때 문득 입에서 새어 나오는 불만을 상상해보고 어두
운 표정 위에 적는다.

이제는 주인공 앞에 어떤 이야기가 펼쳐질지 한번 요약해
보자.

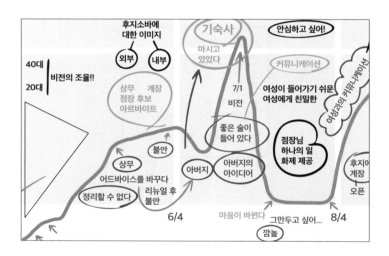

1막: 선배의 멘토링

아직은 점장이 될 자신이 없었던 오오타. 특히 부모 연배인 직원을 관리해야 하는 것이 불안했다. 그런 오오타를 보고 한 선배는 조언을 시작했다.

2막: 점장 후보로서의 시련과 주변의 협력

선배의 아버지도 오오타와 같은 회사에서 일하고 있었다. 선배는 오오타를 데리고 아버지에게 상담을 요청했다. 그러자 아버지는 귀한 술인 오키나와산 전통주 아와모리를 들고 아들의 기숙사로 찾아가 대화를 나누기 시작했다. 후지소바에서 '나는 혼자가 아니구나'라고 깨달은 오오타.

3막: 신규 고객층에 대한 이해의 심화

불안한 가운데 오키나와로 휴가를 떠난 오오타. 그때 우연히 만난 여성에게 사랑을 느낀 것을 계기로 여성과의 커뮤니케이션에 자신감이 생겼다. 그러던 중 오픈한 점포에서 한 여성 고객으로부터 클레임이 들어오는데……. 그 클레임에 대응하면서 여성 고객을 단골로 만드는 요령을 포착, 이후부터 매출이 순조롭게 상승하게 된다.

곡선 위: 스토리를 현실로

드디어 과제를 달성하기 위한 현실적 행동이 무엇인지 생각해본다. 과제와 동떨어진 이야기를 창작함으로써 과거로부터의 믿음을 크게 타파하는 이미지와 말이 다수 생겨났다. 거기서 연상할 수 있는 구체적인 행동과 아이디어를 곡선 위쪽에 적는다.

1막 과제 달성을 위한 힌트

신규 업태에서도 '후지소바가 계승해야 할 것'이 무엇인지 비로소 확인할 수 있었다. 20대와 40대 직원 간 서로 다른 회사에 대한 비전을 미리 절충할 필요가 있다.

2막 과제 달성을 위한 힌트

안심할 수 있는 공간을 만들기 위해 점장이 해야 할 일을 명확히 정의하고 이를 공유하며 교육한다.

3막 과제 달성을 위한 힌트

매장 오픈 후 고객의 재방문율을 높이기 위해 고객의 의견을 모으고 이를 철저히 반영해 점차 개선한다.

이상의 설명으로 여러분도 전뇌사고가 어떻게 진행되는지 어느 정도 방법을 깨달았을 것이다.

과제 달성에 필요한
자원을 활성화한다

지금까지 전뇌사고를 얼핏 살펴본 사람은 미래에서부터 역
산해 해결책을 찾는 '결과 사고'나 '역산 사고'와 비슷하다
는 인상을 받았을지도 모른다. 실은 나 또한 처음 전뇌를 활
용하기 시작했을 때는 '결과 사고'의 개량 버전 정도로 생
각했다. 하지만 고객들과 실천해볼 때마다 좋든 싫든 완전
히 다른 원리가 작동한다는 것을 알게 되었다. 그도 그럴 것
이 120% 행복해진 주인공의 대사를 적어보면 이것은 주인
공의 대사가 아닌, 대부분 고객 자신이 지금껏 깨닫지 못했
던 본심이었다는 사실이 밝혀졌기 때문이다. "혹시 주인공
의 대사는 여러분 자신에게 하는 말 아닙니까?"라고 고객
에게 물으면 하나같이 화들짝 놀라고는 했다.

어느 일본인 학생은 제출해야 하는 과제의 주제를 정할 때 퓨처매핑을 활용하기로 했다. 곡선 아래에 일본인 남성과 한국인 여성이 홍콩에서 사랑에 빠진다는 이야기를 썼기에 나는 짓궂지만 이렇게 물었다.

"학생은 혹시…… 이 사람을 좋아하세요?"

그러자 그는 겸연쩍은 듯이 대답했다.

"아, 전뇌는 거짓말이 안 통하는군요……."

다시 말해 타인을 행복하게 만드는 이야기를 지어내려고 하면 어찌 된 까닭인지 자신을 행복하게 만드는 이야기를 상상하게 되는 것이다.

이런 현상을 반복해서 경험하는 동안에 나는 전뇌사고의 실천자들과 모여서 도대체 무슨 일이 일어난 것인지 열심히 논의했다. 우리는 "이것은 고객의 그림자를 비추는 게 아닐까……?"라고 추측했다.

여기서 '그림자'란 정신과 의사 칼 구스타프 융이 제창한 개념으로 의식하고 있는 자신의 이미지와는 정반대의 측면을 말한다. 가령 어떤 사람에게 왠지 모르게 짜증이 나는 경우 그것은 억압된 자기의 측면, 즉 그림자가 그 사람에게 투영되었기 때문이라고 설명한다.

하지만 이야기를 웃으면서 만들었을 뿐인데 왜 그림자가 나타났는지 아직 확신이 서지 않았다. 그 답을 준 사람이 바로 혁신과 리더십 연구로 박사학위를 받은 폴 쉴러Paul Scheele다. 미니애폴리스에 있는 그의 회사에서 임원과 함께 마케팅 계획안을 세웠을 때 쉴러 박사는 전뇌 모델을 처음으로 경험하고 다음과 같이 말했다.

"마사노리, 주인공은 그림자가 아니라 고객의 원형(아키타입archetype) 하나가 투영된 겁니다."

이 말을 듣고 우리는 눈이 환해졌다.

원형이란 칼 융이 발견한 것으로 모든 사람이 무의식에 보유한 성격의 구성 요소를 가리킨다. 이해하기 쉽지 않으니 조금 더 자세히 살펴보자.

가령 동물에게는 고양이, 개, 새 같은 특징적인 모습이 있다. 그리고 개체가 없어져도 이미지로 계승이 된다. 이처럼 인간에게도 다양한 모습이 있고 개체가 없어져도 계승되는 이미지가 있다. 이렇게 시간을 초월하여 만인의 심층 의식에 공통으로 뿌리내린 성격 구성 요소를 아키타입이라고 하며 지금까지 인류가 축적해온 막대한 능력, 재능resource을 분류한 형식이라고도 한다. 아키타입을 구체적으로 예로 들면 현자, 순수한 사람, 탐험가, 지배자, 창조자, 돌보는 사람, 마법사, 영웅, 연인, 반항아, 광대, 보통 사람 등 열두 가지 요소가 있다. 이것은 심층심리학자이자 융의 원형 이론 연구가인 캐럴 피어슨Carol Pearson의 책《내면의 영웅들을 깨우다: 우리 자신을 찾고 세상을 변화시키는 데 도움이 되는 열두 가지 원형Awakening the Heroes Within: Twelve Archetypes to Help Us Find Ourselves and Transform Our World》에서 자세히 다루고 있다. 아키타입은 중복되는 게 없어서 잘 조합해 이야기를 만들면 전 세계에 널리 알릴 수 있다. 마케팅 측면에서는 아주 파워풀한 개념이라서 브랜딩 전략을 설계하고 수정할 때 효과적으로 활용한다. 또한 최근에는 영화의 배역을 고려할 때에도 쓴다.

이러한 이해를 근거로 하여 생각해보면 과제를 달성하는 데 필요한 아키타입이 투영된 인물이 120% 행복해지는 이야기를 그리는 과정은 고객이 과제 달성에 필요한 리소스를 구하는 과정이나 다름없다. 앞에서 소개한 다이탄 그룹의 오오타는 과제를 달성하는 데 필요한 리소스를 가진 아키타입을 상징하는 인물이다. 행복하지 않았던 그가 행복해지는 이야기는 그 리소스가 해방되면서 그룹 전체가 리소스를 쓸 수 있게 되는 현실과 동조된다. 그러면 리소스가

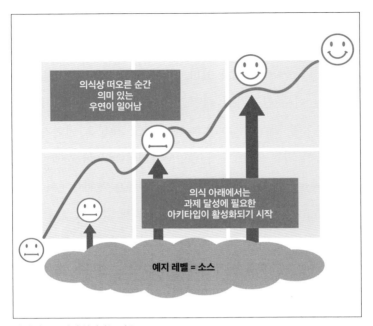

의미 있는 우연이 일어나는 이유.

무엇이냐고 한다면 세미나 또는 연수에서 알게 된 새로운 스킬이 아니다. '혼자가 아니야'라는 후지소바의 문화였다. 이렇게 외부에서 필요한 리소스를 손에 넣는 게 아니라 이미 있는 내부의 리소스를 찾아서 과제를 해결한다. 우리는 그것이 전뇌 마술의 본질이라고 겨우 이해하기 시작했다.

융에 따르면 의미 있는 우연은 아키타입이 활성화되어

표면 의식에 나타났을 때 일어난다. 그리고 아키타입이란 인류에 축적된 재능, 능력, 경험 등의 총체, 즉 예지를 유형화한 것이다. 이 두 가지 지견을 연결하면 전뇌사고로 의미 있는 우연이 일어날 때는 인류가 가진 예지 레벨로 연결된 상태라고 생각할 수도 있다. 다시 말해 전뇌사고로 의미 있는 우연이 일어날 때는 새로운 과제를 하는 데 필요한 애플리케이션을 예지에서 다운로드하는 것 같은 일이 일어나는 것이다. (참고로 U 이론에서는 이 상태를 프레젠싱이라고 한다.)

진정한 강인함은
자기 눈에 보이지 않는다

하지만 왜 과제 달성을 위해 필요한 아키타입이 퓨처매핑의 주인공에게 투영되는 것일까? 이는 주인공을 한 명 고를 때 하게 되는 질문, '여러분이 이 과제를 달성한 결과 행복해질 사람은 누구인가?'에 숨어 있다. 거꾸로 말하면 '이 과제가 달성되지 않으면 불행해질 사람은 누구인가?'가 된다. 달성할 힘이 있는데도 결국 그 힘을 살릴 기회가 주어지지 않는다면 인간은 불행해진다. 연극에 비유하면 스포트라이트가 비추지 않는 주인공인 셈이다. 전뇌사고에서는 마음속으로 스캐닝하여 그러한 주인공을 찾아낸다. 이는 상상 속, 마음속의 작업에 불과하므로 당연히 자기 자신의 일부를 투영한 것이 된다.

이렇게 과제를 달성하는 데 필요한 능력을 갖추고 있는 연기자를 핀 포인트로 찾아내고 뇌를 풀가동시켜서 그 연기자가 행복해질 수 있는 이야기를 만들어낸다. 이를 현실로 번역하면 자기를 성장시키는 본질적 행동 시나리오가 탄생하게 되는 것이다.

복잡하게 느껴지는 이 내용을 표로 만들어보자.

전뇌의 전면에서 하는 작업	전뇌의 이면에서 일어나는 변화
이 과제를 수행하고 달성하여, 행복해질 사람을 한 명 마음속에서 찾는다.	왼쪽 작업은 과제가 달성되지 않는 한, 불행한 존재(아키타입)를 자신의 마음속에서 찾는 것과 같다. 바꿔 말하면 이 존재(아키타입)는 과제 달성에 필요하지만 지금까지 억압받아서 활성화되지 않았던 아키타입이다.
행복해지는 인물을 주인공으로 발탁한다.	과제 달성에 필요하지만 지금까지 억압받던 아키타입을 상징하는 캐릭터를 주인공으로 발탁한다.
주인공이 해피엔딩으로 끝나는 이야기를 구성한다.	해피엔딩으로 끝나는 이야기로, 주인공이 치유된 결과 억압에서 해방되었고 과제 달성에 필요한 리소스를 확보한다.

이렇게 이타성, 즉 과제 달성에 필요하지만 여전히 활성화되지 않은 아키타입을 활성화시키는 이 과정에서 나온 아이디어는 강력한 행동 에너지를 동반한다. 하버드 대학교 로버트 케이건Rober Kagan 박사는 자신의 저서 《변화에 대한 면역Immunity to Change》에서 변용하는 최대의 에너지는 이타성에서 나온다고 지적하며 이렇게 말한다. "변용하는 에너지는 사랑하는 존재, 혹은 자신이 소중히 여기는 존재를 잃지 않기 위해 스스로 변해야 할 때 가장 높아진다." 가령 '담배를 끊어라, 그렇지 않으면 네 아이의 생명이 위태롭다' 같은 상황에서는 누구나 달라지게 된다는 뜻이다.

지금까지 살펴본 것과 같이 '과제를 달성한 결과 행복해질 사람은 누구인가?'라는 질문에는 '다른 사람에게 도움이 되자'라는 이타성이나 '내 꿈을 이루자'라는 이기성 둘 중의 하나만이 아니라 둘 다 포함되어 있다. 그리고 그 질문에서 나오는, 뒷모습을 보기 위해 맞거울로 앞뒤에서 비춰보는 것과 같은 사랑스러운 사고와 떳떳한 행동에 현실을 변용시키는 힘이 들어 있다.

세 번째 장치:
직선보다 곡선

전뇌사고 모델의 세 번째 장치는 곡선이다. 수많은 사고 수단 중에서도 곡선, 그것도 손을 통해 임의로 그은 곡선이 등장하는 경우는 거의 없다. 여러분도 보면 알겠지만 이 곡선은 미래와 현재를 잇는 선이다. 시간 경과에 따라 주인공이 더 행복해지는 것을 보여주는데, 왜 곡선이 마술을 일으키는 장치가 되는 것일까?

곡선의 의미를 더 잘 이해하기 위해 지금 직선을 한번 그어보자. 직선은 프로젝트가 아무 문제도 없고 일정한 속도로 진척되는 것을 의미한다. 이는 이상적이기는 하지만 전혀 현실적이지 않다. 지금까지 여러분이 참여한 프로젝트를 돌아보라. 위의 그림처럼 순조롭게 결과를 낸 프로젝트

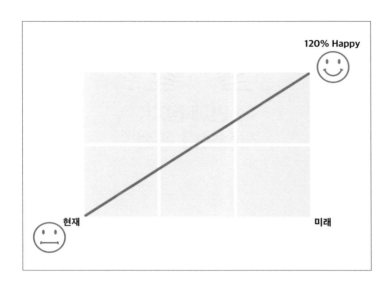

가 얼마나 있었는가? 거의 없지 않은가?

물론 직선적으로 결과를 내는 프로젝트도 존재한다. 하지만 그건 정해진 공정을 그대로 따라 하는 것으로 창조성이 필요하지 않을 때가 많다. 가령, 할 일이 뭔지 그리고 언제까지 해야 하는지 처음부터 알고 있는 기계적 프로젝트에서는 일정과 관련 작업 등을 가로 막대로 표시하는 간트 차트gantt chart를 그려서 각자의 역할을 분담하는 방법을 택해도 프로젝트는 충분히 성공할 수 있다.

하지만 창조적 프로젝트에서는 이러한 직선적 계획이 전혀 통하지 않는다. 더 좋은 것을 만들고자 모인 사람들끼리 격렬하게 부딪치고 갈등하고 낙담한다. 게다가 조직이 붕괴 직전까지 갔다가도 놀랄 만한 아이디어가 나오고 말도 안 되는 리소스가 손에 들어와 누구도 예상하지 않았던 결과를 내놓는 패턴을 보이기 때문이다. 이 비연속적 과정에서 직선적 과정을 강요하면 창조성은 말살되고 창조 정신도 사라진다. 여러분이 창조적인 과제에 임하려고 한다면 곡선으로 계획해야 한다. 직선을 곡선으로 바꾸기만 해도 놀라운 효과가 나온다.

어느 고등학교 농구부의 사례를 살펴보자. 농구부 고문 선생님이 대회를 앞두고 전뇌사고를 도입해 코칭을 시도했다. 학생들은 120% 행복해지는 대상을 관중으로 결정했다. 사실 그들은 결코 강한 팀이 아니어서 현 내 순위에서도 밑에서부터 찾는 편이 빨랐다. 하지만 이 팀은 시합을 거듭하며 점점 두각을 나타냈다. 왜냐하면 그들의 머릿속에는 최고로 행복한 결과에 이르는 곡선이 그려져 있었기 때문이다. 상대방이 먼저 득점해 수세에 몰려도 "선생님, 예상한 대로예요"라며 평정심을 잃지 않았다. 시합 전체를 큰 스토리로 파악해서인지 시나리오가 약간 빗나가도 선수들은 관중을 감동시키기 위해 최고의 모습을 보여주려 노력했다.

이 '전뇌팀'에 비해 상대적으로 우위에 있다고 평가를 받던 상대 팀들은 전뇌팀과의 시합에서 모조리 패배했다. 그때 상대 팀들의 반응은 대조적이었다. 감독은 실점을 하면 선수들을 호되게 야단쳤고 선수들은 비장한 얼굴로 게임에 임했다. 그들에게 기술은 있었지만 시나리오가 없었다. 그래서 열세에 몰리자 뭘 해야 할지 모른 채로 몸은 움직이고 있었지만 사고는 멈춘 상태로 시합은 종료되었다.

결국 전뇌팀은 현 지역 대회에서 파죽지세로 4강까지 진출했다. 물론 시합에 이긴 것도 가치가 있지만 그 이상으로 중요한 게 있다. 직선으로 순탄한 길만 걸은 사람과 곡선으로 기복이 있었다 해도 그것을 극복한 경험을 한 사람이 있다면 다가올 인생을 준비하는데 있어서 어느 쪽이 교육적일까? 답은 분명하다. 시련을 극복하고 자신들이 성장하는 기쁨을 맛본 사람은 평생 어떤 분야에서도 그 힘을 활용할 수 있을 것이다.

곡선은 생각지도 못한
질문을 던져준다

2009년, 《전뇌사고》를 출간했을 때부터 곡선의 이점을 어느 정도 경험했는데, 이런 전뇌사고를 실행하는 사람들이 늘어나면서 예기치 못한 사태가 발생했다. "간다 씨, 이 곡선의 기복을 따라 이미 예정된 스케줄 대로 흘러가네요." 이렇게 말하면서 놀라는 일이 속출했던 것이다. 이런 말도 들었다. "곡선이 여기서부터 올라가는데, 이날은 마침 캠페인을 진행한 날이에요.", "곡선이 여기서 평탄해지잖아요. 프로젝트가 정체되는 거라고 생각했는데, 마침 이때쯤 해외 출장을 갔어요."

처음 두세 번은 "하하하하. 에이, 그냥 우연이겠죠"라며 웃어넘겼다. 그런데 코칭을 할 때마다 같은 일이 반복되자

무시할 수 없게 됐다. 게다가 이런 곡선의 기복과 이미 계획된 일들 사이의 '우연의 일치'는 틀을 뛰어넘은 해결책을 찾는 데 아주 효과적이라는 사실을 이해하기 시작했다.

어느 설계 회사의 사장은 3주 후 3000만 엔짜리 계약을 따낸다는 과제를 세우고 퓨처매핑을 그렸다. 처음 그 사장은 이렇게 자기 좋을 대로 해결될 리 없다고 생각했다. 곡선 아래 스토리에서는 어린이 대상 놀이시설을 설계한다는, 지금까지 생각해보지 못했던 전혀 새로운 아이디어가 떠올랐다. 더욱 놀라운 사실은 곡선이 급속하게 올라가는 날에는 고객과의 면담 일정이 잡혀 있었다. 게다가 그 고객은 수년 전에 "지역 아이들을 위해 뭔가 도움이 되는 일을 하고 싶다"라고 상담을 했던 사람이었다.

그렇다면 왜 일필휘지로 단번에 써 내려가듯 임의로 그은 곡선이 미래를 그리는 것처럼 이미 예정된 스케줄과 일치하는 신기한 일이 벌어지는 것일까? 결론부터 말하자면, 곡선은 '질문'이기 때문이다. 구부러진 임의적 기복이 생각지도 못한 질문을 던진다. 곡선이 위로 올라가면 '이날 스케줄이 뭐였더라?', '여기에 어떤 행동을 하면 좋을까?' 같은 질문이 자연스럽게 떠오르면서 우리 두뇌는 풀가동에 돌입

해서 과제 달성과 조금이라도 관계가 있는 것을 찾기 시작한다. 반대로 곡선이 아래로 내려가면 '이때 어떤 위험이 있는가?', '여기에서 조정해야 하는 것은 무엇인가?' 같이 과제를 달성하는 과정 자체를 다시 묻는 계기가 만들어진다. 이렇게 우연의 의미를 찾으면 딱딱하게 굳은 머리가 부드럽게 풀리고 시야가 넓어지면서 지금까지 생각지도 못한 선택지가 눈앞에 자연스럽게 제시되는 것이다.

전뇌 마술을 만드는 장치 중 주요한 세 가지를 알아보았다. 지금까지 여러분과 공유한 전뇌사고의 원리를 정리해보자.

- '과제를 달성한 결과 행복해질 사람은 누구인가?' 이 질문의 대답으로 떠오른 인물에게는 과제 달성에 필요하지만 지금까지 겉으로 드러나지 않은 여러분 성격의 구성 요소(아키타입)가 투영된다.
- 위의 인물을 행복하게 하는 이야기를 만드는 과정에서 지금까지 억압됐던 아키타입이 치유된다. 그 결과 여러분은 과제를 달성하는 데 필요한 리소스를 활용할 수 있는 상태가 된다.
- 곡선의 기복은 아이디어를 끌어내는 질문이다. 또 곡선은 과제

를 달성하는 과정을 더 현실적으로 그려내기 위해 계획대로 되지 않는 경우에도 다시 목표로 나아갈 행동력을 제공한다.

어떤가? 좀 더 이해되지 않는가? 전뇌사고 모델의 잠재력을 100이라고 한다면 지금까지 살펴본 것은 30 정도에 불과한데도 이미 큰 잠재력을 느낄 수 있지 않는가?

실제로 이런 장치를 잘 몰라도 괜찮다. 인터넷의 원리를 정확히 알지 못해도 인터넷을 활용해 다양한 일들을 할 수 있는 것처럼 전뇌사고 원리를 제대로 알지 못해도 전혀 문제가 되지 않는다. 돌아가는 원리를 알지 못하는 아이들도 퓨처매핑을 그리고 즐기면서 성과를 낸다. 그러니 부디 지금은 제대로 이해하고 납득하지 못해도 편하게 시도해보자.

그러면 장치에 관한 설명은 여기까지 하고 드디어 다음 장부터는 여러분의 과제를 달성할 마술 쇼를 본격적으로 시작해보자.

전뇌사고는 퓨처매핑 안에

'잠재지'와 '현재지' 영역을 포함해

각각의 상호관계를 표현한다.

또 시간축을 짝지어

과제를 달성하기 위한

행동 시나리오를 그려낸다.

이렇게

'잠재', '현재', '과거', '미래'에

이르기까지 뇌를 풀가동하도록 유도해

전뇌사고라고 부른다.

3장

여러분의
과제 달성을 도울
간다 마사노리의
코칭

3일간의 연습과
21일간의 연습

이 장에서는 두 가지 연습을 해보려 한다. 먼저 첫 번째 연습은 여러분이 전뇌사고에 익숙해지기 위해 오늘부터 3일간의 계획을 세워보는 것이다. 단계적으로 함께 했을 때 30~40분 정도면 퓨처매핑이 완성된다. 이는 어디까지나 퓨처매핑을 그리는 방법에 익숙해지는 것이 목적이지만, 3일 후에는 여러분의 현실이 변화할지도 모른다. 기대해도 좋다. 이후 퓨처매핑을 그리는 방법에 익숙해지면 21일 동안 진행할 두 번째 연습, 여러분 자신의 과제를 달성하는 것에 도전하자.

여러분이 달성해야 할 과제는 '시험공부를 편하게 하고

싶다', '좀 더 쉽게 매출을 끌어올리고 싶다', '회사에서 원만한 인간관계를 맺고 싶다' 같은 것처럼 눈앞에 놓인 과제부터 '나의 사명을 알고 싶다', '주변국과의 관계를 개선하고 싶다' 등 인생관과 국가관계에 관련한 것까지 다방면에 걸쳐 있을 것이다. 어쩌면 여러분은 '로또에 당첨되고 싶다', '저택에 살고 싶다' 등 꿈일 수도 있다. 여러분은 3주만에 이런 허황된 일이 일어날 리 없다며 다 엎어버리고 싶겠지만, 나는 이미 이 책의 초입에서 꿈을 현실로 만드는 원리를 발견했다고 했다. 그래서 온 힘을 다해 여러분을 돕고싶으니 나를 믿고 열심히 따라오길 바란다.

바로 퓨처매핑을 그려보자

이제부터 퓨처매핑을 그리는 방법을 단계적으로 설명하겠다. 처음에는 글자뿐이어서 조금 복잡하게 느껴질지도 모른다. 그렇지만 일단 전체 상을 알면 퓨처매핑을 그리는 건 무엇보다 간단하다. 초등학생도 쉽게 따라 할 수 있을 정도라서 누구나 얼마든지, 지금 당장 할 수 있다.

지금 단계에서 중요한 것은 한 장의 퓨처매핑을 30~40분 안에 마무리하는 것이다. 그러니 '응용' 부분은 건너뛰고 읽어도 상관없다. 이후 퓨처매핑을 그리는 것에 어느 정도 익숙해지면 응용 부분을 읽어보자. 퓨처매핑을 본격적으로 그리기 시작하면 의문이 생기는 지점이 있을 텐데 이에 관해서는 응용 부분에서 더욱 심도 있게 설명하겠다. 그렇게 응용 부분을 읽으면서 깨달음을 얻기 위한 돌파구로 퓨처매핑에 몇 개의 장치가 설정되어 있다는 점에 경탄할 것이다.

자, 준비가 되었다면 드디어 퓨처매핑을 만들어보자.

스텝 0: 과제

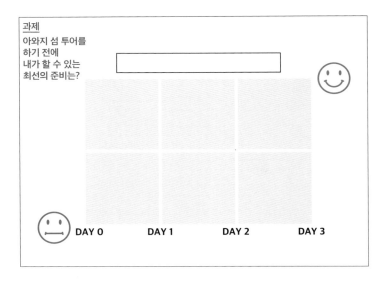

과제
아와지 섬 투어를
하기 전에
내가 할 수 있는
최선의 준비는?

DAY 0   DAY 1   DAY 2   DAY 3

종이에 퓨처매핑을 그리고 달성할 과제를 떠올리자. 과제는 눈앞에 놓인 것이 좋다. '내 인생의 목적은?' 같이 중한 과제는 3일, 21일로는 버겁다. 하지만 '3일 내에 기획서를 완성하려면?' 같은 것은 결과가 바로 보여 만족을 얻기 쉽다. 과제가 정해지면 퓨처매핑 왼쪽 위에 적고 가로축에 날짜를 쓰자. 3등분되어 있으니 목표에 맞춰 날짜를 적는다.

조언

문제 해결 기법은 보통 '문제가 명확해지면 80% 정도 해결됐다'라고 본다. 이처럼 문제 정의는 필수다. 전뇌사고도 마찬가지다. 문제가 애매할 때 시작할 수는 있다. 하지만 구체적인 과제를 수행해야 쉽게 만족할 수 있다.

자신에게 주어진 과제를 정확히 모르는 것은 인간의 특징이기도 하다. 그래서 전뇌사고는 '과제부터 명확히 정의하는 것'을 중요 과제라고 여겨 프로세스를 시작할 수도 있다. 전뇌사고는 과제와 직접 관계가 없는 지점부터 들어가기 때문이다. 이야기를 그리면서 자신의 혼란을 객관적으로 바라보고 본질적 과제가 자연스럽게 떠오른다.

스텝 1:
120% 행복해지는 사람

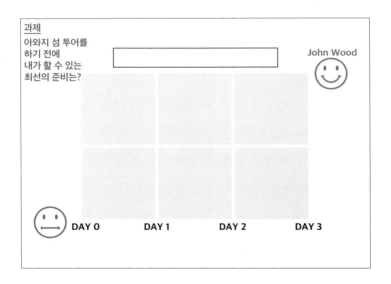

과제
아와지 섬 투어를
하기 전에
내가 할 수 있는
최선의 준비는?

John Wood

DAY 0   DAY 1   DAY 2   DAY 3

여러분이 과제를 하면 행복해지는 사람, 즉 퓨처매핑으로 만든 이야기의 주인공은 누구인가? 퓨처매핑 오른쪽 위에 스마일 마크를 그릴 때 번뜩 떠오르는 사람 한 명을 골라보자. 그리고 그 사람의 이름을 스마일 마크 주변에 적어보자. (가능하면 성과 이름을 모두 다 적는다.)

조언

행복해질 사람을 한 명으로 좁히자. 주인공이 여럿일 경우 이야기를 만들기 어렵다. 여럿을 행복하게 해주겠다는 바람은 결국 아무도 행복하게 해주지 못한다.

행복해질 사람은 과제 해결에 직접 영향을 받아야 하는 것은 아니다. 오히려 관계없는 사람이 놀라운 해결책을 줄 때도 많다. 좋아하는 연예인, 우연히 만난 사람 등 여러 사람의 얼굴을 떠올리다 보면 분명히 '이 사람이야!' 하고 딱 떠오르는 순간이 있다.

스텝 2: 미래

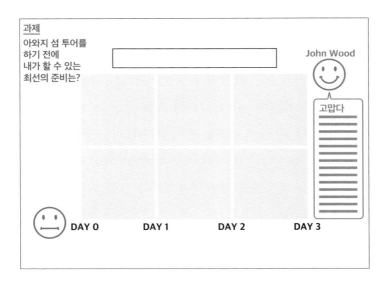

과제가 달성된 미래의 순간에 주인공은 어떻게 기뻐하게 될까? 옆 페이지의 그림처럼 말풍선 안에 여러분에 대한 감사의 말을 적어보자. 그리고 주변의 풍경을 상상해 보이거나 들리거나 느끼는 것을 적어놓자.

조언

미래의 어느 순간, 행복해진 주인공이 여러분의 휴대전화로 전화를 걸었다고 상상해보자. 전화를 받으니 다음과 같은 말이 들린다.

"○○ 씨, 감사합니다."

여기서 "○○ 씨"는 여러분의 이름이다. 마음속으로 위 문장만이라도 외쳐보자. 이 말을 듣고 여러분의 몸은 어떤 반응을 일으킬까? 아마도 몸의 긴장이 풀리고, 근육이 이완되고, 호흡이 진정되는 것을 느낄 것이다.

다음은 전뇌사고 과정에서도 아주 중요하다. "○○ 씨, 감사합니다." 이 말 뒤에 어떤 말이 이어질지 생각해봤으면 한다. 이대로 말을 부풀리고자 하면 내용이 진부해지는 경우가 많으니 주의하자. 그래서 발상을 더 펼치려면 대사 자

체가 아니라 배경부터 묘사해보는 것이 중요하다. 다음 질
문에 대해 생각하면서 떠오른 답을 말풍선 안이나 주변에
적어보라. 머리로 옳고 그름을 판단하지 말고 되도록 직감
에 따라 생각난 답을 그대로 솔직하게 적는다.

- 몇 시쯤 전화가 올까?
- 어디에서 전화가 올까, 전화를 건 장소는 어떤 장소일까?
- 그 장소에는 누가 같이 있을까, 아니면 혼자 있을까?
- 누가 같이 있다면 이유가 뭘까? 그들은 어떤 대화를 나눌까?
- 그 사람은 어떤 옷을 입을까, 어떤 행동을 할까?

이 질문들 외에 여러분이 느낀 것을 오감을 총동원해 묘
사해보길 바란다. 질문에 답을 하다 보니 여러분의 눈을 똑
바로 쳐다보는 듯한 기묘한 광경이 보이거나, 뜻밖의 소리
가 들리는 것 같지 않은가? 아마도 흑백이었던 화면이 차츰
컬러로 바뀔 것이다. 이 작업은 이야기의 마지막 장면을 생
각하는 것과 같다. 마지막 장면을 자세히 쓸수록 이제부터
당신과 함께 만들어갈 이야기가 당신을 빠져들게 하고 행
동으로 이끄는 시나리오로 번역될 것이다.

응용: 선물상자

120% 행복해진 사람이 여러분에게 선물을 준비했다고 상상해 보자. 이 선물은 지금까지 여러분의 대응에 대한 감사의 상징이다. 하지만 상자 안에는 무엇이 들어 있는지 모른다. 그래서 그 상자를 들고 있다고 상상하면서 다음 질문에 답해보자.

선물은 어떤 상자에 들어 있는가, 상자는 어떤 색인가, 크기는 어떤가, 표면은 반질반질한가, 거칠거칠한가?
상자 바깥에서 느껴지는 온도는 따뜻한가, 차가운가?
상자 안의 무언가는 가만히 있는가, 움직이는가? 그 외에 알아 차린 게 있는가?

그러면 이제부터 1, 2, 3하고 숫자를 세면 서프라이즈 상자처럼 안에서 선물이 튀어나온다. 1, 2, 3! 안에는 무엇이 들어 있는 가? 퓨처매핑 오른쪽 아래에 상자와 그 안에 들어 있는 것을 그림으로 간단히 그려보자.

스텝 3: 현재

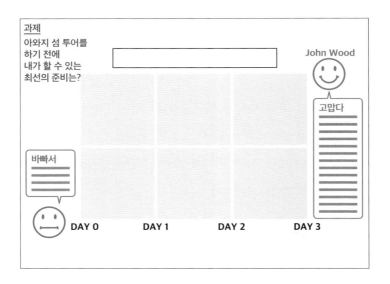

현재, 그 사람은 어떤 바람이 충족되지 않았을까? 혼자가
됐을 때, 문득 약한 소리를 하거나 불만을 터트린다면 뭐라
고 말할까? 그때 할 말을 상상하고 말풍선에 적어보자.

조언

스텝 2의 '미래'와 비교해 현재를 상세히 묘사할 필요는 없
다. 그리고 시간상 미래 묘사에 걸린 시간의 절반에서 3분
의 1 정도를 기준으로 작업을 완료한다. 왜냐하면 현재 문
제에 초점을 맞추는 것이 아니라 충족된 미래에 초점을 맞
추기 위함이다.

스텝 4: 곡선

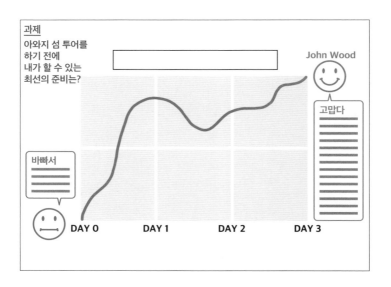

미래와 현재를 잇는 곡선을 그린다. 선을 그릴 때는 미래인 오른쪽 위 모서리에서 시작해 현재인 왼쪽 아래 모서리쪽으로 그린다. 머리로 생각하지 말고 손이 가는 대로 자연스럽게 그려보자.

조언

간단한 작업이지만 이것으로 이야기의 줄거리가 그려진다. 왜냐하면 잘 만들어진 이야기는 78페이지에 실린 3막 구성으로 되어 있는데, 퓨처매핑도 3등분 되어 있는 이야기의 뼈대를 그대로 갖고 있기 때문이다. 학교 작문 시간에 이야기를 지어내느라 고민한다고 치자. 이때 이야기의 어느 지점에 어떤 기복을 만드느냐가 큰 문제가 되는데, 곡선을 그리기만 해도 해결되므로 고민이 절반으로 줄어든다.

곡선의 기복은 이야기를 만들 때 발상을 끌어내는 질문이 된다. 그러니 직선이 되지 않게 주의한다. 곡선을 그릴 때는 주로 쓰는 손이 아닌 반대쪽 손을 쓰면 곡선이 튈 가능성이 높다는 장점이 있다. 또한 뇌의 다른 부분이 자극되어 평소와 다른 발상을 하게 된다는 견해도 있다.

스텝 5:
이야기 만들기

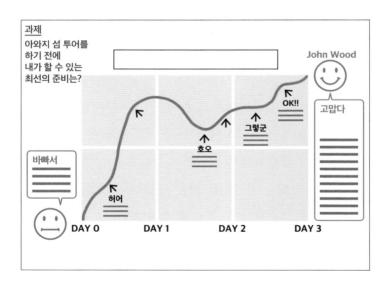

곡선의 기복을 살펴보며 무언가 마음이 걸리는 곳에 화살표를 달자. 화살표는 곡선을 아래에서 받쳐주는 형태로 다섯 개에서 여섯 개 정도를 달도록 한다. 화살표는 기울어지지 않게 3막 구성의 각 섹션에 한 개에서 두 개를 단다.

이어서 화살표가 위치한 곳마다 주인공이 할 것 같은 대사를 적는다. 일단 '허어', '호오', '그렇군', 'OK'라는 네 개의 대사를 느낌이 오는 화살표에 적는다.

이 짧은 대사 뒤에 어떤 말이 뒤따를까? 아무렇게나, 자유롭게 상상하면서 화살표 부근에 자유롭게 대사를 적는다. 그렇게 상상력을 발휘하여 가슴 뛰는 신나는 이야기를 만들어보자.

조언

이야기를 만들기 전에 퓨처매핑 왼쪽 위에 적었던 과제는 잠시 잊자. 일단 자유로운 이야기를 만드는 데 집중하길 바라기 때문이다. 과제를 의식하면 이야기가 과제와 관련한 내용이 되기 쉽다. 이렇게 되는 것을 방지하기 위해 과제 내용 위에 포스트잇을 붙여 잠시 감추는 것도 좋은 방법이다.

이야기는 완전히 상상 속 이야기여도 괜찮다. 가령 아는 사람이 이야기에 등장하는 경우에도 그 인물은 사실 아바타였다고 생각하고 상상의 나래를 펼쳐나가는 식이다.

퓨처매핑에 이야기를 지을 때는 머리를 쓰지 말고 손이 가는 대로 해보자. 오른쪽 밑의 블록 귀퉁이까지 채우면 완성이다. 그 이유는 158페이지에서 설명한다. 78페이지에 실린 이야기 형식을 알아두면 좀 더 쉽게 이야기를 지을 수 있다. 간단히 설명하면 전형적인 이야기는 반드시 3막 구성을 가진다. 구체적으로 1막은 출발과 이별, 2막은 시련과 통과의례, 3막은 귀환이다.

1막에서는 주인공의 편협한 인식이 있고 그 결과 일상에서 문제가 발생한다.

2막에서는 문제를 통해 주인공이 자신의 인식을 넓히는 경험을 하는 동안 억압된 자신(악역)을 깨닫는다.

3막에서는 자신에 대한 억압을 해방시키면 악역이 사라진다. 최종적으로 주인공은 광범위한 인식을 가진 인물로 성장하고 다시 일상으로 돌아간다.

응용: 이야기 패턴

〈스타워즈〉,〈매트릭스〉같은 SF물부터 〈악마는 프라다를 입는다〉,〈워킹걸〉같은 성장물,〈섹스 앤드 시티〉,〈프리티 우먼〉같은 연애물까지 흥행에 성공한 작품은 거의 앞에서 언급한 형식을 따른다. 이 패턴을 알면 곡선 아래의 이야기를 순조롭게 만들 수 있다. '어디에서 작은 아이디어를 전체로 연결할까?', '어디에서 스토리를 비약하면 좋을까?' 같은 것을 알 수 있어 짧은 시간 내에 적확하고 일관성이 있는 퓨처매핑을 그릴 수 있다. 이렇게 이야기의 구조를 기술적으로 밝히면 충실한 이야기를 완성할 수 있어 행동 시나리오도 정확도가 높아진다.

이 이야기 패턴에 관심이 있는 분은 크리스토퍼 보글러의《신화 영웅 그리고 시나리오 쓰기》를 읽어보기 바란다. 하지만 어린 아이들은 이런 것을 몰라도 충분히 즐기면서 계속해서 이야기를 잘 지어낸다. 그러니 가슴 설레는 것, 즐기는 것이 최고의 비결임을 기억하자.

스텝 6:
행동 시나리오

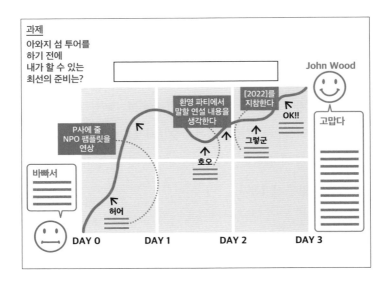

드디어 꿈을 현실로 번역하는 후반부에 다다랐다. 이야기를 만들어봤는데 지금까지는 여러분이 달성하고 싶은 과제와는 특별한 관계가 없었다. 이렇게 한다고 정말 자신의 꿈이 이루어질까? 하고 의문을 느꼈을 것이다. 하지만 안심하라. 아무 관계도 없기는커녕 여러분의 꿈을 현실로 만들기 위한 본질적인 작업은 이미 끝났다. 누군가를 행복하게 해주는 이야기를 그리면서 여러분 자신에게도 변화가 일어나기 시작했기 때문이다.

그 증거로 이쯤에서 여러분이 지어낸 이야기를 다시 돌아보기 바란다. 이야기는 완전히 상상의 결과이면서도 '이 이야기, 있을 법하네', '진짜로 현실이 된다면 재미있겠다'라고 느껴질 것이다. '정말 이 사람을 행복하게 만들어줄 수 있을까?'라는 처음의 불안이 이제는 희미해지지 않았는가. 이 변화는 주인공의 변화인 동시에 여러분 자신의 변화다.

무책임하게 발상을 펼친 것처럼 보였지만, 퓨처매핑을 그리는 후반 작업에서는 이렇게 곡선 아래에서 이야기에 따라 펼쳐진 아이디어를 곡선 위의 현실적 행동과 연결시킬 수 있게 된다.

누군가를 행복하게 하는 이타성을 기본 축으로 해 이야

기 만들면 틀을 뛰어넘은 발상을 하게 된다. 이렇게 펼친 발상과 현실에서 과제를 달성하기 위한 구체적 행동이 연결되므로 당연히 지금까지 생각해본 적 없던 것들이 행동 시나리오가된다.

또한 처음에는 '이건 불가능해'라고 생각되는 과제를 설정해도 곡선 아래 있는 이야기의 주인공은 결국 해피엔딩을 맞이하고 과제를 달성한다. 이 이야기의 주인공에게 여러분이 자신을 투영하므로 여러분도 과제를 해낼 수 있다는 셀프 이미지 변환이 일어난다.

행동 시나리오에
반영하는 요령

그러면 이야기를 현실적인 행동 시나리오로 번역하려면 어떻게 해야 할까? 번역 과정은 크게 3단계로 나눌 수 있다. 이를 도표로 표시하면 다음과 같다.

키워드를 고른다	화살표를 그린 곳에 예정된 스케줄을 적는다	고른 키워드에서 연상한다

○ 곡선 아래 완성된 이야기 중 마음에 드는 키워드를 표시한다. 키워드가 몇 개든 상관없지만 처음에는 5~6단어 정도가 좋다.

○ 스텝 5에서 그린 화살표 중 가장 눈에 들어오는 화살표를 하나

고른다. 그 시점에서 곡선이 기운 정도 그리고 그 시점에서 이미 예정된 일(일어날 법한 일)을 감안해 과제 달성에 가까워지기 위한 발상을 펼쳐나간다. 떠오르는 말이나 행동을 생각나는 대로 곡선 위쪽에 적는다.

○ 위에서 고른 화살표가 가리키는 시점의 곡선 아래에 적힌 키워드에 주목한다. 그 키워드를 자유롭게 연상하면서 과제 달성에 가까워지기 위한 발상을 펼쳐나간다. 말이나 행동이 떠오르면 생각나는 대로 곡선 위에 적는다.

○ 마음에 드는 화살표를 차례로 골라서 발상을 펼치는 작업을 반복한다. 발상이 막히면 다음 화살표로 주저 없이 넘어간다. 직소 퍼즐을 하듯 아는 지점부터 말을 맞추다 보면 별안간 전체 상이 드러난다.

이렇게 전뇌사고는 키워드, 곡선의 기울기, 일시, 이미 예정된 사건 같은 다양한 시점에서 발상을 자극해 과제 달성에 조금이라도 가까워지기 위한 행동 아이디어를 낳는다. 키워드와 곡선의 기울기는 잠재지로부터의 자극, 이미 예정된 사건, 일시는 현재지로부터의 자극이다. 즉 이야기를 통해 사고의 틀을 크게 넓힌 뒤 잠재지와 현재지의 상승 효과에 따라 뇌를 풀 가동한다. 그에 따라 결실을 맺은 행동계획은 지금까지 생각해본 적이 없는 창조적인 계획들로 가득 채워진다.

조언

각 막마다 이야기의 흐름을 파악하기 위해 표식을 붙이자. 78페이지에서 설명한 것처럼 일반적인 이야기에서 1막은 출발과 이별, 2막은 시련과 통과의례, 그리고 3막은 귀환이라는 형식이 되기 쉬운데 이를 일과 학습에 적용하면 다음과 같이 다시 이해할 수 있을 것이다.

- 1막, 준비 : 과제에 대한 사실관계를 조사, 청취하는 단계.

- 2막, 시행착오와 모델 구축 : 몇 개의 선택지를 실행해 잘 된 것을 더욱 조정하여 본격적으로 대응하기 위한 최적의 모델과 방법론을 구축하는 단계.

○ 3막, 변용: 처음 과제를 설정할 때는 알아차리지 못했던 더 넓은 분야나 영역에서 활약할 큰 가능성이 열려 있는 단계.

이 패턴을 참고해 여러분이 창조한 이야기에는 그 이야기의 내용에 더 잘 어울리는 표식을 붙이자. 그러고 나면 행동 시나리오로 번역하기도 쉬워지고, 행동을 시작한 후 다시 퓨처매핑을 다시 볼 때도 새로운 아이디어가 잘 떠오를 것이다.

본질적인 아이디어에
도달하는 연상법

자신도 놀랄 만한 가슴 설레는 본질적 아이디어를 낳는 핵심은 연상이다. 연상을 얼마나 즐기느냐에 따라 해결책의 질과 해결책에 도달하는 속도가 달라진다.

성인의 경우 보통 이 연상 작업을 진지하게 임하는 경향이 있으나 아이는 순수하게 즐기면서 한다. "끝말잇기 놀이를 할 때처럼 지금 떠오른 것을 말해볼래?"라고 지시하면 게임을 하듯이 연달아 말을 만들어낸다. 여러분도 동심으로 돌아가서 말놀이를 하는 느낌으로 해보라.

여러분이 연상을 더 효과적으로 할 수 있는 네 가지 방법을 공유한다.

연상 비결 1: 개념 끝말잇기

이야기 키워드가 '셰프'라고 한다면 최종 행동인 '환영 파티에서의 연설'을 연상하기 위해 셰프 하면 식사, 식사 하면 환영 파티, 환영 파티에서는 연설이라는 식으로 자유롭게 연상을 펼쳐나갈 수 있다.

연상 비결 2: 단어의 분해, 말놀이

가령 이야기 중에 몸가짐이 점잖고 교양이 있는 남자를 뜻하는 '신사(紳士)'라는 단어가 나오면 한자 부수를 떼고 생각해본다. 그러면 '말씀드린다'(申す = 프레젠테이션한다), '보여주려고 흙으로 만든다'(示して土にする = 구현한다)라는 것이 중요하다는 것을 알게 된다. 결국 '프레젠테이션을 하고 시제품을 만드는 팀을 꾸린다'라는 행동이 떠오를지도 모른다.

다른 예를 통해 살펴보자. 이야기 중에 '모자'라는 단어가 나왔다고 해보자. 모자는 영어로 'hat'이니 발음에서 힌트를 얻어 '핫'하고 놀랄 법한 옷을 입자!라는 행동이 돌파구를 만들지도 모른다. 중요한 것은 스스로 재미있다고 생각하는 것이다. 생명력을 느끼는 말일수록 더 본질적인 해결책에 가깝다.

연상 비결 3 : 이미지 그대로

이야기에 나타난 이미지 자체가 딱 떠오르는 경우 그것이 그대로 행동하는 아이디어가 된다. 앞에서 이야기한 것처럼 이야기에 '신사'가 나온다면 현실에서는 '신사동에 현장 리서치를 하러 가는' 행동을 할 수도 있다. 그렇게 해서 여러분이 가슴이 설레고 신이 난다면 거기에 생각지도 못한 돌파구가 숨이 있을 때가 많다.

연상 비결 4 : 난생처음 받은 인상

어떤 키워드를 접했는데 머릿속에 아무것도 떠오르지 않을 때가 있다. 이때 '나는 이 개념을 언제 처음에 접했는가?', '처음 접했을 때, 나는 무엇을 느꼈는가?'라는 질문이 효과적일 수 있다. 가령 '구급차'라는 단어였다면 장난감 구급차를 갖고 놀던 어린 시절을 떠올릴 수 있다. 여기에서 더 나아가 '어린 시절부터 아주 좋아했던 것'이나 '어린 시절 부모에게 받은 사랑'이 해결책은 아닐까?라고 생각을 점점 더 깊게 펼쳐나가는 것이다.

이처럼 연상을 하면서 이유는 모르지만 뭔가 느껴지는 단어가 있으면 곡선 부근에 일일이 기록해둔다. 의미를 완벽하게 찾아내려 하지 말고 퍼즐 조각을 끼워맞추듯 말들을 쭉 적어놓고 나중에 다시 한번 살펴본다. 그러면 지금까지 어떤 그림인지 알 수 없었지만 퍼즐이 맞춰지며 갑자기 아름다운 그림으로 보이기 시작한다. 직소 퍼즐을 하지 못하는 사람이 없는 것처럼 퓨처매핑을 하지 못하는 사람은 없다.

사람에 따라서는 '전뇌사고를 통해 나온 아이디어는 이미 전에 다 생각해놨던 아이디어일 수 있다. 그저 아이디어를 쫙 나열해 적어놓은 것뿐이라는 느낌을 받을 때도 있을 것이다. 그러한 경우에도 퓨처매핑을 그린 효과는 자신이 깨닫지 못했을 뿐 이미 나타나고 있다. 왜냐하면 '생각하고 있던 말'이 머릿속에 어렴풋이 들어 있을 뿐 날짜가 적혀 있는 경우는 거의 없기 때문이다. 퓨처매핑을 그린 후에는 머릿속에 생각하고 있던 아이디어에 날짜가 들어가고 거기에 이르기까지의 과정이 도식화된다. 이것만으로도 과제 달성에 크게 가까워진 셈이다.

내가 이렇게 말을 해도 '내 아이디어에 놀라고 싶다'는 마음도 남아 있을 것이다. 그래서 조언을 하나 한다. '더 놀라운 아이디어를 얻을 수 있었을 텐데……'라고 아쉬움을 느끼는 사람은 스텝 2의 '미래'에서 지극히 당연한 말만 쓰여 있는 것이 원인인 경우가 많다. 뻔한 미래를 상상하면 뻔한 해결책을 생각하게 된다. 그러니 더 창조적인 해결책을 생각해내고 싶다면 더 창조적인 미래를 그리면 된다.

전뇌사고 과정에 익숙해지면 '120% 행복해지는 사람'에 뜻밖의 사람을 고르거나 '미래'를 묘사하며 뜻밖의 광경을 포함하게 된다. 왜냐하면 생각지도 못한 아이디어를 넣을수록 일관성 있게 연결해야 하는 이야기의 틀이 넓어지기 때문이다. 곡선 아래쪽 이야기의 틀이 넓어지면 곡선 위쪽 해결책의 틀도 함께 넓어진다.

인간은 과제와 전혀 관계가 없어 보이는 아이디어를 적

더라도 반드시 인과관계를 찾아내 말이 되게 앞뒤를 맞추는 능력을 지녔다. 퓨처매핑은 반드시 일관된 이야기와 해결책을 낳게 된다. 다양한 아이디어가 다양한 복선이 되어 마지막에 엔딩 장면으로 수렴되는 것은 잘 만든 영화를 보는 것 이상으로 감동적인 일이다. 퓨처매핑에 적힌 말 중에 쓸데없는 말은 하나도 없다.

자, 그러면 번역 과정을 알아도 곡선 아래, 여러분이 지은 이야기를 곡선 위에서 번역해보자. 여러분이 그린 퓨처매핑 곡선상에 과제를 달성하기 위해서 한 구체적 행동을 생각나는 대로 기입해보자.

지금까지 여러분과 함께 단계별로 첫 퓨처매핑 '3일간의 행동 시나리오'를 만들기 시작했다. 지금은 알 듯 모를 듯한 행동 시나리오일지도 모르지만, 시간이 지남에 따라 윤곽이 선명하게 드러날 것이다. 지금은 '아니, 이것은!' 하는 아이디어가 하나 둘 나오면 그것으로 충분하다.

스텝 7:
제목의 힘

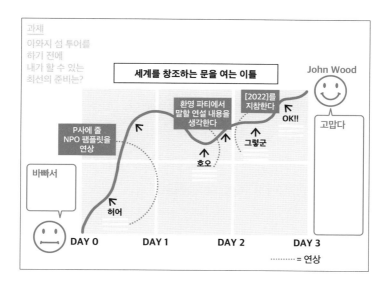

이제 어느 정도 윤곽이 보이는 행동 시나리오를 더 확실하게 부각시키는 방법이 있다. 바로 제목이다. 퓨처매핑이 이 3일 동안의 이야기를 담은 영화라고 한다면 여러분은 어떤 제목을 붙일 것인가?

이 장에서 예시로 제시하고 있는 퓨처매핑과 관련한 에피소드가 하나 있다. 예전에 한 단체 투어에 참가했을 때의 일이다. 투어 당일 차로 이동하려다 실수로 차 열쇠를 짐과 함께 트렁크에 넣고 잠가버리고 말았다. 나는 이 투어와 관련한 퓨처매핑에 '세계를 창조하는 문을 여는 이틀'이라는 제목을 붙였다. 퓨처매핑을 보면 이야기에 '도요타'라고 쓰여 있다. 나중에 생각해보니 차와 관련된 '있을 수 없는' 일이 일어난다는 것을 이미 보여주고 있던 것이다. 그 결과 이틀 동안의 일정은 전혀 다르게 돼버렸다. 그 뒤로 홀린 듯 아와지 섬 스모토에 있는 서점에 갔고, 누마지마 그리고 나루토로 향했다. 이 여행은 '세계를 창조하는 문을 여는 이틀'이라는 퓨처매핑 제목 그 자체였다.

이처럼 재치 있는 제목을 붙이면 인상 깊이 남고 기억에도 오래 남는다. 나는 〈인셉션〉이라는 제목만 들어도 그 영화의 스토리, 마음에 남는 대사와 장면이 떠오르는데 이런 것과 같다.

제목이 가진 힘이 이렇게 클 수 있다. 이제는 여러분의 퓨처매핑으로 돌아가서 자신이 느끼기에 가슴이 설레고 신나게 만드는 제목을 붙여보자.

스텝 8:
베이비 스텝

베이비 스텝이란 '노력하지 않아도 할 수 있는 작은 행동' 을 말한다. 이 작은 단계를 밟음으로써 전체 프로세스가 시 작된다. 차를 움직일 때 시동을 거는 것과 같다.

아무리 아이디어가 좋아도 이렇게 구체적으로 행동하지 않으면 아쉽게도 그저 탁상공론에 그칠 뿐이다. 뭘 해도 결과 는 나오지 않는다. 반대로 베이비 스텝만 밟아두면 나머지는 잊어버려도 현실이 되는 경우가 있다. 이것이 퓨처매핑의 마 지막 스텝이다. 나의 경우 3일 간의 도전을 위한 베이비 스텝 은 투어에 지참하는 NPO 팸플릿을 준비하는 것이었다. 이런 간단한 일에서 모든 과정이 출발한다. 여러분도 노력이 필요 하지 않은 작은 스텝을 밟으며 현실의 이야기를 시작해보자!

21일의
귀중한 도전

그러면 퓨처매핑 그리는 방법도 익혔으니 이제 여러분의 꿈에 3주 동안 도전해보자. 지금까지 많은 분이 그랬던 것처럼 이 도전이 여러분에게도 매우 귀중한 경험이 되리라 믿는다. 지금까지 내 인생을 돌아보고 대체 무엇이 내게 힘이 되었는지 물으면 답은 분명히 나온다. 자신이 '결정'한 것을 스스로 '실행'하고 '결과'를 낸 경험이다. 아무리 사소한 일이어도 상관없다. 뭔가 한 가지라도 끝까지 해내는 것이 중요하다.

나는 고등학생 시절에 밴드부에서 기타를 쳤다. 문화제에서 록과 재즈를 연주했는데 이건 누가 권유한 것도 아니었고 나 혼자 결정하고 실행해 결과를 낸 것이다. 그렇게 일단 머리와 몸 양쪽을 다 쓰는 과정을 거치면 그것이 다음 단계로 넘어가는 기반이 된다.

대학교 3학년 때는 외교관 시험에 도전했다. 이때도 스스로 결정하고 실행해 결과를 냈다. 사실 그 전에도 몇 개의 자격시험을 보았지만 처참히 실패했다. 이러한 실패 경험도 중요하다. 나는 덕분에 어려움을 극복하는 패턴을 몸에 새길 수 있었다.

이렇게 인생에서, 특히 젊은 시기에 자신의 의지로 해낸 경험이 한 번이라도 있는지가 일생의 질을 결정한다고 해도 과언이 아니다. 하지만 안타깝게도 이렇게 귀중한 경험은 학교에서도, 회사에서도, 가정에서도 가르쳐주지 않는다.

돌이켜 생각해보라. 지금까지 결정하고, 실행하고, 결과를 내는 과정에서 어떤 기쁨이 있었고 어떤 갈등이 있었고 어떤 돌파구가 있었는지 배운 적 있는가? 굳이 의지를 갖지 않는 편이 현명하다는 분위기가 만연하지는 않았는가? 의지가 있었다고 해도 결과를 낼 때까지 하지 않거나, 끝까지 밀어붙였다고 해도 너무 오래 걸려서 그 과정에서 무엇을 배웠는지 돌아보지도 못한 건 아닌가?

사실 이 과정을 통해 심연에서는 세계가 어떤 원리로 움직이는가를 밝혀낼 만큼은 배우게 된다. 결정하고, 실행하고, 결과를 내는 과정을 아는 것은 자신을 변화시키는 동시에 주변을 변화시키는 힘이 있다. 이는 지금의 사회 전체가 다음으로 나아가는 타이밍에 꼭 필요한 능력이다. 우리는 그러한 능력을 갖춘 리더를 단기간에 대량 육성해야 한다. 이러한 필수 능력을 배우는 계기가 되는 것이 앞으로 제안할 '21일의 도전'이다.

　나는 이 책에서 절대 타협할 생각은 없다. 다음 장을 포함해 여러분에게 '현실을 바꾸는 힘'을 전부 제공할 것이다. 이 책에서 그 힘을 얼마나 끄집어낼 수 있느냐는 여러분에게 달렸다. 씨를 뿌린 곳에서 거둘 수 있는 것처럼 과제를 달성하기 위해 행동하면 결과는 반드시 따라오기 마련이다. 행동하는데 결과가 나오지 않을 수가 없다. 그 결과는 지금 여러분이 바라는 세계로 이어지지 않을지도 모른다. 하지만 여러분을 반드시 그 이상의 세계로 이끌어줄 것이다.

꿈을 실현해보자

어떤 과제를 설정하는가?

정확히 3주 후에 수치와 모양이 갖춰진 결과로 확인할 수 있는 것이 좋다. 지금까지 완성하려고 시작만 하고 손을 대지 못했던 기획서를 3주 내에 완성해보는 것도 좋은 예다.

실제 사례를 하나 소개한다. 내가 준비하던 세미나 개최를 불과 열흘 남긴 시점에서 참석 인원을 서른 명으로 늘리고 싶다는 과제가 있었다. 이 과제를 두고 퓨처매핑을 그린 당일까지 세미나 참석을 신청한 인원은 고작 네 명. 그런데 세미나 개최 당일에는 보란 듯이 서른 명이 모여 만석을 달성했다!

이 3주 동안 한 일을 통해 여러분의 인생이 크게 발전할 수 있다면 나도 무척 행복할 것이다. 나와 여러분이 만나서 해야 할 과제를 찾았을 때 아마 '이거다!'라는 느낌이 왔을 것이다. 그렇게 가슴 설레고 힘이 나는 과제를 설정해보자.

두 가지 새로운 테크닉

여러분이 자신이 설정한 과제를 끝까지 해내는 경험을 하는 것이 21일 도전의 목적이다. 가능하면 여러분이 바라는 이상적 형태로 과제를 달성했으면 한다. 그러려면 뇌 전체를 풀가동해야 하므로 지금까지 배운 퓨처매핑 그리기에 더해 두 개의 새로운 테크닉을 공유한다.

이야기의 등장인물을 한두 명 늘리자

여러분이 3일 간 연습할 때 지어낸 이야기는 아마 단순해서 등장인물은 주인공 한 명뿐이었을 것이다. 단기간에 빠르게 아이디어를 도출할 필요가 있을 경우에는 이것으로 충분하다. 하지만 지금까지 생각해본 적이 없는 관점이 본격적으로 필요한 경우에는 이야기를 더 확장하는 것이 좋다. 스텝 2의 '미래'

를 더 자세히 묘사해보면 거기에 가족이나 동료, 친구들 등 주인공 이외의 인물이 새롭게 등장할 것이다.

이처럼 등장인물을 늘리면 주인공에 대한 공감 능력이 높아지고 더 깊이 있는 이야기가 만들어진다. 그 결과 행동 시나리오를 만들 때도 깜짝 놀랄만한 관점이 나타날 가능성도 높아진다.

이야기를 만들 때는 오른쪽 아래의 블록이 자연스럽게 채워지게 하자

앞으로 할 이야기는 아주 심오해 상세히 들어가면 한 권의 책이 될 만큼 방대하므로 가능한 간략하게 설명하겠다.

전뇌사고는 여러분에게 부족한 스킬을 더하는 게 아니라 지금까지 알지 못했던 재능을 발견하여 과제를 달성하는 방법이라는 것을 앞에서 설명했다. 그렇다면 미처 알지 못했던 재능을 깨닫기 위해서는 어떻게 해야 하는가? 원래대로 한다면 이건 아주 어려운 작업이다. 자신의 재능은 그 누구보다 자신이 가장 발견하기 힘든 법이다. 그러다 보니 일생을 건 일을 찾느라 고생하는 사람이 많다. 하지만 전뇌사고의 경우 숨겨진 재능을 무의식중에 그려내도록 한다.

구체적으로 그 부분이 어딘가 하면 퓨처매핑 왼쪽 위 모서리에

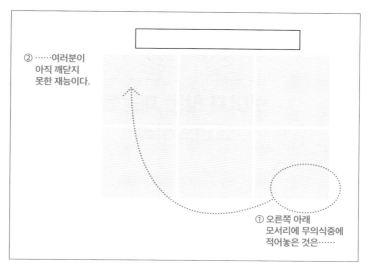

② ······여러분이
아직 깨닫지
못한 재능이다.

① 오른쪽 아래
모서리에 무의식중에
적어놓은 것은······

퓨처매핑을 통해 드러나는 숨겨진 재능.

있는 블록이다. 완성된 퓨처매핑을 보면 일반적으로 이 블록에 글자가 쓰여 있는 경우가 많다. 대부분 위로 급하게 올라가는 형태의 곡선이 되기에 자연스러운 일이다. 하지만 그렇지 않고 여기만 텅 비어 있는 경우에는 과제를 달성하는 데 필요한 자신의 재능이 무엇인지 잘 모르는 경우가 많았다. 거꾸로 말하면 이 블록에 무언가 자연스럽게 쓰여 있다면 여러분이 알아야 하는 재능을 발견하는 데 중요한 힌트가 된다.

보이지 않는 재능을
표면화하라

바로 앞에서 재능에 대해 언급했다. 이렇게 말하는 이유는 무엇이라고 생각하는가? 먼저, 왼쪽 위 영역은 무엇을 가리키는 것인지 생각해보자.

퓨처매핑을 잘 보면 왼쪽 위 영역은 '현재'의 '긍정적'인 영역이다. 다시 말해 아직 여러분이 과제를 달성한 상태가 아닌 '현재'이지만, 이미 여러분이 '갖추고 있는' 것들의 영역이다. (엄밀히 말하면 '여러분의 일부가 투영된' 주인공 입장에서 볼 때 현재 충족되어 있는 영역이 맞다. 여기에서는 결과적으로 과제를 달성했을 때를 설명하기 위함이니 주인공을 여러분이라고 설명한다.)

'아직 충족되지 않고 부족해서 달성할 과제가 존재하는 거 아닌가?'라고 생각하겠지만 한번 잘 생각해보자. 그렇지 않다. 달성할 과제를 앞두고 있는 지금도 충족되어 있는 부분은 있다.

가령 앞으로 '경력을 쌓기 위해 자격시험을 본다'라는 과제에 도전할 거라고 해보자. 최종 합격할 때까지는 결코 행복해질 수 없을 거라고 생각할 수도 있다. 하지만 실제로는 지금도 사랑하는 가족과 일상을 함께 보내고 있고, 회사에서도 경력과 직급에 걸맞은 권한과 책임을 갖고 일을 하고 있다.

이처럼 지금도 여러분에게 긍정적인 면이 충분히 존재할 수 있는 배경에는 자연스럽게 일을 효율적으로 처리하는 재능과 흔히 워라밸이라고 말하는 일과 삶의 균형을 고려해 조율하는 재능을 이미 갖추고 있기 때문인지도 모른다. 하지만 이 재능을 너무 당연한 거라 여겨서 특별히 따로 생각해보지 않았을 것이다. 마치 노력하지 않아도 얻을 수 있는 공기와 같은 것처럼. 그래서 현재의 긍정적인 면을 무의식적으로도 적지 않곤 한다. 왼쪽 위 영역은 무심결에라도 손을 대어서 혹시 새로운 변화라도 일어나면 정말 큰일이 날 것처럼, 공기를 빼앗기기라도 할 것처럼 격렬하게 저항하게 된다. 그래서 왼쪽 위 영역이 비어 있을 경우 변명만

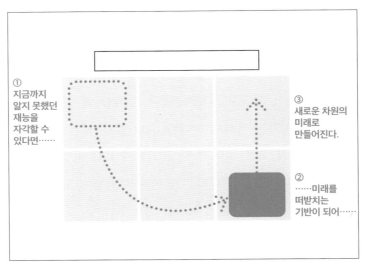

① 지금까지 알지 못했던 재능을 자각할 수 있다면……

③ 새로운 차원의 미래로 만들어진다.

② ……미래를 떠받치는 기반이 되어……

새로운 차원의 미래를 만드는 재능의 자각.

이어지고 행동 시나리오는 좌절하게 되는 경향을 보였다.

그렇다면 자신의 재능을 자각한다면 어떻게 될까? 현재의 미처 깨닫지 못한 재능이 가시화되고, 미래의 부정적인 영역에 들어가게 된다. 그 결과 지금까지 잘 몰랐지만 본래 갖고 있었던 재능이 발휘되면서 여러분의 새로운 현실을 단단히 받쳐주게 될 것이다.

이렇게 미래의 부정적인 영역에 비로소 자각한 재능이 확실하게 적히면 뭔가를 잃어버리지 않을까? 하는 미래에 대한 막연한 두려움과 불안에 대처할 수 있게 된다. 조금 전에 앞에서 말했듯 자신에게 일을 효율적으로 처리하는 재능이 있다는 걸 알면 자격시험 합격을 위한 공부를 위해 가족과 함께 보내는 시간을 희생하는 대신 일 처리의 효율을 높이기 위해 매뉴얼을 제작해 주변 직원들과 공유할 것이다. 그 결과 일반 직원에서 매니저로 승진할 수 있는 자격이 갖춰질지도 모른다.

또한 자신에게 워라벨을 고려해 일과 삶을 조율하는 재능이 있다고 자각하면 이렇게 될 수도 있다. 회사 차원에서 추진하는 워라벨 프로젝트에 참여해 한 단계 도약할 경력을 쌓을지도 모른다.

이처럼 이것을 취하면 저것을 놓아야 한다는 양자택일이 아니라 이것도 저것도 모두 취한다는 조화적, 통합적 현실로 대체할 수 있게 되는 것이다.

여러분 중에는 내 설명을 들으면서 '논리는 이해하겠는데……, 그렇다면 왼쪽 위 모서리의 공백을 어떻게 채워야 할까?'라는 질문을 할 수 있다. 이에 대한 나의 대답은 아주 간단하다. 오른쪽 아래 모서리 부근에 적힌 말 중에서 딱 느낌이 오는 말을 왼쪽 위 모서리로 가져온다.

이해를 돕기 위해 54페이지의 후지소바 퓨처매핑 사례

를 한 번 더 살펴보자. 오른쪽 아래 모서리를 보면 "후지소바가 아니잖아!"라는 말이 쓰여 있다. 이 말은 신규 점포가 오픈했을 때 오랫동안 근무해온 직원이 새로운 공간에 반발하며 했던 말이다. 먼저, 이 말을 왼쪽 위 모서리로 가져온다. 이 영역은 현재의 긍정적인 영역이니 반대로 "후지소바다!"라고 적는다. 이 과정을 통해 프로젝트를 본격적으로 시작하는 1단계에서는 '후지소바의 본래 강점을 찾는 것'이 중요하다는 사실을 알게 된다. 후지소바의 강점이 가시화되면 미래의 부정적인 상황을 피하고 새로운 업태에 진출해서도 후지소바다움을 잃지 않을 수 있다. 나아가 해외에 진출해도 후지소바 DNA를 계승할 수 있다.

자각하지 못했던 강점을 자각하자마자 어떤 상황에서도 활용할 수 있는 강점으로 파워업된다. 당연한 말이지만 자신의 강점을 꾸준히 발견하는 것은 강한 자신을 만드는 방법이다.

앞에서 과제 설정과 관련해 소개했던 세미나 참석 인원을 모으는 과제에서는 어땠을까? 나는 텅 빈 퓨처매핑의 오른쪽 위 모서리에 "뿌리"라고 적었다. 왜 이렇게 썼냐 하면 그와 대응하는 왼쪽 아래 모서리 부분에는 "할아버지"가 있었기 때문이다. 그 주변을 찾아보면 "오동나무 옷장"이라는 글자가 있다. 이것을 보면 '뿌리', '계승' 같은 콘셉트가 자연히 떠오르게 된다.

퓨처매핑에는 이런 원리가 있기 때문에 곡선 아래에서 이야기를 만들 때는 의식하지 말고 손이 움직이는 대로 왼쪽부터 오른쪽 아래 모서리까지 글자로 채우면 된다. 그러면 과제를 달성하기 위해 필요한 여러분의 숨은 재능이 부각될 것이다.

많은 경우 자각하지 못한 재능은 몇 년이 지나도 보이지 않을 때가 많다. 하지만 전뇌사고에서 이타란 인간의 본질적 힘의 원천에 접근해 타인이라는 거울에 비춤으로써 숨겨진 재능을 표면화하고, 행동을 통해 몸에 정착시킨다. 다시 말해 눈앞에 놓인 일을 해치우기 위해 퓨처매핑을 그릴 때마다 여러분의 타고난 재능이 표면화되는 것이다. 이타적 마음을 갖고 과제에 도전할 때마다 여러분의 숨겨진 재능은 비로소 꽃피운다. 이것이 여러분의 인생을 얼마나 빠르게 변화시킬까? 그리고 이 수단을 손에 넣은 사람이 수만 명, 수십만 명이 될 때 이 나라 그리고 이 세계에는 얼마나 많은 변화가 일어날까?

이타 정신을 갖고 눈앞에 놓인 일과 공부에 임하는 것이 새로운 여러분 자신을 다시 태어나는 것과 동시에 새로운 세계도 다시 태어나는 것이다.

어떤가, 여러분의 꿈으로 가는 21일의 퓨처매핑을 그릴 수 있었는가?

다음 장은 이 책의 마지막 장으로 실천하고 나서야 납득이 가는 내용이 아주 많이 쓰여 있다. 될 수 있으면 21일의 도전을 경험한 후에 읽기를 추천한다.

누군가를 행복하게 하는

이타성을 기본 축으로 해

이야기를 만들면

틀을 뛰어넘은 발상을 하게 된다.

불가능해 보이는 과제를 설정해도

주인공은 결국 해피엔딩을 맞이한다.

이야기의 주인공에게 여러분이 자신을 투영하므로

여러분도 과제를 해결할 수 있다는

셀프 이미지 변환이 일어난다.

4장

세계가
변화하는 원리

간디의 가르침을
실천하다

21일 동안 퓨처매핑과 함께한 시간은 어땠는가? 이미 여러분은 퓨처매핑을 다 그리고서 앞으로 프로젝트를 시작할 생각에 가슴이 설렐 수도 있고 혹은 이 책을 전부 읽고 나서 퓨처매핑을 그리려고 하고 있는지도 모른다. 어쨌거나 퓨처매핑은 생각하는 것으로 끝내지 말고 꼭 행동으로 옮겨봤으면 한다. 그렇게 하면 21일 동안 세계를 바꾸는 원리를 이해할 수 있기 때문이다. 이 변화의 원리를 가장 우아하게 표현한 사람이 있다. 바로 '인도 건국의 아버지', 마하트마 간디다. 간디는 이렇게 말했다.

여러분 자신이 세계에서 보고 싶은 변화가 되어라.

중요한 말이니 마음에 새길 수 있도록 한 글자 한 글자 또박또박 읽어보길 바란다.

조금 전에 나는 "세계를 바꾸는 원리"라고 했는데 간디는 인류의 역사를 바꾼 인물이지만 '세계를 바꾸라'고 여러분에게 말하지 않았다. '여러분 자신이 변화가 되어라' 하고 말했다. 다시 말해 세계의 변화를 바라는 게 아니라 여러분이 달라지기를 바란다는 것이다. 내가 변하면 세계가 변한다는 이 말이 정신론처럼 느껴질 수도 있다. 하지만 이 조언이 얼마나 실제적인지는 앞으로 여러분이 퓨처매핑을 행동으로 옮기다 보면 체감할 수 있을 것이다.

퓨처매핑에 따라 행동하면 그 과정에서 지금까지의 과제 달성 과정과는 상당히 다른 것이 필요하다는 것을 알게 된다. 일반적으로는 마감 때까지 예정된 행동을 하는 것이 과제를 달성하기 위한 올바른 접근법이었다. 하지만 전뇌 사고에서는 예정대로 다 하지 못했을 때 거기에서 '다음 한 수는 어떻게 두는가?' 혹은 기대와 동떨어진 현실에서 모든 것을 내팽개치고 싶어질 때도 '어떻게 기대를 뛰어넘는 결과를 얻을 것인가?'라고 묻는 것이 중요하다. 이렇게 과정에 유연하게 관여하는 접근법을 쓰는 것이다.

왜 그럴까? 가치 있는 결과일수록 논리적으로 예상할 수 있는 인과관계가 아니라 전혀 예기치 못한 우연이나 번 뜩이는 직감으로 야기되기 때문이다. 논리로는 아무리 노력 해도 기대를 뛰어넘을 수 없지만 좌절, 장애, 절망 같은 역 경을 넘었을 때 찾아오는 행운은 전혀 상상도 못 한 장소로 우리를 데려다준다.

세계의 변화는 예정대로 일을 끝내는 노력이 아니라 갑 자기 찾아오는 우연을 어떻게 살리느냐에 달려 있다. 그래 서 이 마지막 장에서는 '우연'의 원리를 나름대로 해석해보 려 한다. 이를 이미지로 공유하면 과제를 달성하는 과정에 서 일어날 수 있는 다양한 우연을 단순한 노이즈가 아닌 성 과로 연결하는 요령을 터득할 수 있을 것이다.

내가 변화하는 방향으로
세계도 변화한다

먼저 양해를 구한다. 지금부터 여러분과 공유하는 내용은 내가 전뇌사고를 실천하는 과정에서 겪은 수많은 불가사의한 일들, 즉 미래를 예견하는 듯한 퓨처매핑을 나 자신에게 설명하기 위한 사적 메모이다. 솔직히 이론적이거나 과학적으로 근거가 있는 것은 아니다. 본래 공표할 생각이 없었던 사적 메모를 여러분에게 건네는 이유는 나 자신이 어려움에 직면했을 때 이 이미지에 상당히 도움을 받았기 때문이다.

내가 직면했던 어려움이란 구체적으로 말하면 악성흑색종이라는 암 선고였다. 내가 겪은 질병처럼 극단적인 경우는 흔치 않지만, 이런 경우 자신의 세계가 변화하는 과정에서 과거의 자신을 포기하는 국면이 반드시 일어난다. 이때 창조적인 결과를 낳는 데 아주 중요한 역할을 하는 의미 있는 우연에 대해 깊이 생각해보자.

우리가 언제나 신기하게 생각한 것은 전뇌사고에서 과제를 달성하는 과정에서 왜 우연이 많이 발생하는가 하는 점이다. 퓨처매핑에 그런 것이 현실에서 일어나면 가슴이 철렁 내려앉았다. 재미로만 본다면 그저 웃어넘기면 그만이지만 전뇌사고는 과제 달성에 정말로 효과적인 방법이다. 의미 있는 우연이 일어날 때는 동시에 플로우 체험, 즉 완전히 빠져들어서 시간 감각이 왜곡될 정도로 집중하고 최고의 퍼포먼스를 올리고 있다는 느낌을 경험하는 경우도 많다. 나아가 내가 옳은 길을 걷고 있다는 기분이 들고 행동에 확신이 생긴다. 여럿이 모여 그룹으로 실천할 때는 더욱 그렇다. 특별한 경험을 통해 깊이 연결되어 있다는 일체감을 느끼면서 프로젝트를 진행할 수 있다.

물론 의미 있는 우연에 의한 프로젝트 활성은 단순히 착각인 경우도 많아서 논리로 보완해야 한다. 그럼에도 프로젝트의 깊은 의미를 이해하고 과제 달성을 앞당기기 위해 크게 활용할 수 있을 것이다.

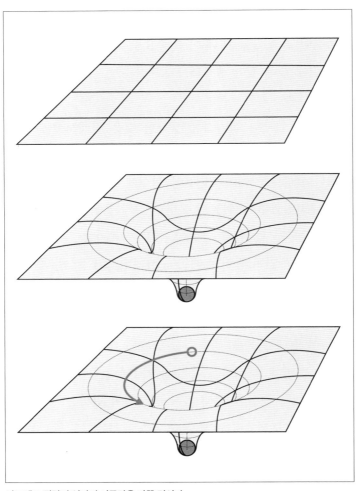

사고에도 질량이 있다면 시공간을 바꿀 것이다.

'전뇌사고에서는 왜 의미 있는 우연이 일어나는가? 그리고 이를 결과로 만들어내려면 어떻게 해야 하는가?' 이 질문에 대한 답을 생각할 당시 사이먼 싱의 《우주의 기원 빅뱅》이라는 책을 읽고 있었는데 우연히 책 속의 한 그림에 시선이 멈췄다.

이 그림은 아인슈타인의 상대성 이론을 설명하는 것이다. 질량에 따라 시간과 공간이 팽창하고 수축하는 모습을 이차원으로 표현한 것으로 태양처럼 질량이 큰 천체가 있으면 마치 트램펄린에 볼링공을 넣은 것처럼 시공간에는 움푹 들어간 곳이 생긴다. 이런 상황에 들어간 행성(테니스공)은 궤도 운동을 하는 모습을 보인다. 움푹 들어간 곳의 깊이는 질량에 따라 결정된다. 태양과 마찬가지로 지구도 움푹 들어간 곳을 만들어낸다. 아인슈타인에 따르면 사과가 낙하하는 이유는 이 지구에 의해 시공이 움푹 들어간 곳으로 사과가 굴러떨어지기 때문이다.

흠……. 나는 이 그림을 보면서 이런 생각을 했다. 만약 사고하는 것에도 질량이 있다면 사고가 주변의 시공간을 왜곡하지 않을까? 사고가 질량을 늘린다는 건 어느 가슴 설레는 아이디어가 떠올랐을 때 주변에 이야기하고, 모든 각도에서 검토하고, 여러 사람과 대화를 깊이 나누는 동안 그

형태가 차츰 구체화되는 과정이다. 그러면 앞서 함께 본 그림처럼 주변의 시공간에 움푹 들어간 곳이 생기고, 그 결과 근처를 지나던 것이 움푹 들어간 곳으로 굴러떨어지는 것이다.

나는 이런 경험을 했다. '이 프로젝트를 하고 싶은데 좋은 영상 디렉터가 없을까……?'라고 회사에 말한 며칠 후, 우연히 초대를 받아 참석한 파티에서 내가 찾던 인재를 만났다. 그는 내 옆자리에 앉은 사람이었다.

정도의 차이는 있겠지만 누구나 한 번쯤 겪어봤을 것이다. 이것은 우연이 아니다. 여러분의 사고 질량이 늘어나 시공간에 움푹 들어간 곳이 생긴 결과다. 다시 말해 스스로 불러들였다고 해도 과언이 아닌 것이다.

사고가 무거워지면
벌어지는 일

나는 계속 생각했다. 사고의 질량이 점점 무거워지면 어떻게 될까? 천체의 경우 중량이 계속해서 무거워지면 블랙홀이 된다. 블랙홀에서는 빛조차 탈출하지 못해 모든 것이 영원히 멈춘 것처럼 보이는데…….

나는 머릿속으로 한 그림을 그렸다. 이 그림은 우리가 뛰어난 아이디어를 찾는 회의에서 경험하게 되는 과정을 아주 잘 설명하는 것처럼 보였다. 한 아이디어에 대해 논의를 거듭하는 동안 서로 의견이 맞지 않으면 충돌하게 된다. 그러다 보면 지금까지 드러나지 않던 아이디어의 모순점이 어쩔 수 없이 나타난다. 이렇게 해서 논의는 점점 더 무거

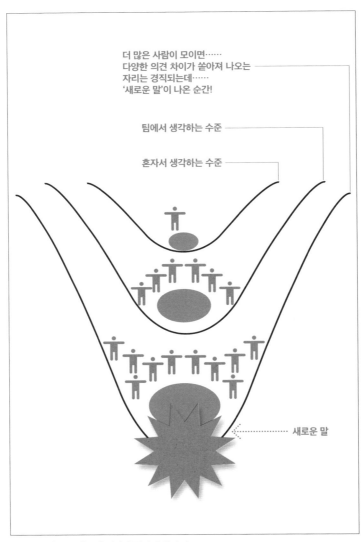

시공간을 바꾸는 사고의 질량과 결정적 한마디.

워지다 결국 영원히 중단되고 앞날은 이제 전혀 알 수 없는 암흑으로 변한다. '이제 포기할 수밖에 없나⋯⋯' 하고 단념하려는 순간, 쾅! 누군가의 입에서 별생각 없이 한 말이 계기가 되어 회의 자리가 폭발한다. 드디어 침묵이 깨지고 논의가 다시 불붙는다. 다양한 가능성과 선택지가 끝없이 흘러나온다. 지금까지의 갈등과 지나온 길이 전부 의미가 있었다는 생각에 온몸에 감동이 퍼진다. 정신을 차리고 나니 목소리가 떨리고 눈물마저 흘러나온다.

이것은 패러다임의 전환이 일어났을 때의 전형적인 묘사다. 이런 일을 반복적으로 경험하면 단순히 관점의 변화가 아니라 지금까지의 현실을 지탱하던 평면에서 새로운 현실을 지탱하는 평면으로 점프한 것처럼 느껴진다. 그래서⋯⋯ 과제를 달성하려고 하는 현재를 '100% 리얼리티', 그리고 상황이 충족된 미래를 '120% 리얼리티'라고 표현해 본다.

다음 페이지의 그림으로 한 번 더 설명하겠다. 100% 리얼리티의 연장선상에서 생각하는 것은 그 현실을 지탱하는 평면(현실 평면)에 움푹 들어간 곳을 만들 수는 있지만, 영원히 그 현실에 머물게 된다. 그래서 논리를 끼워 맞추면서

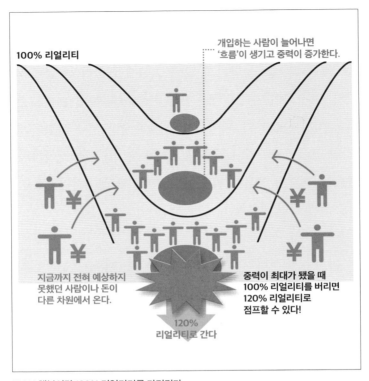

120% 행복이란 120% 리얼리티를 가리킨다.

만들어낸 아이디어는 결국 100% 리얼리티를 벗어나지 못한다.

하지만 그 현실 평면에는 120% 리얼리티를 이미지화한 행동을 거듭하는 동안 지금까지의 인식에 의문이 드는 사건이 일어나고 크게 움푹 패인 곳이 생긴다. 이는 풍선이 부풀어 오른 상황과도 같다. 그럴 때 던진 말은 날카로운 빛의 바늘이 되어 100% 리얼리티를 터뜨리면 이것은 새로운 세계인 120% 리얼리티로 이동한다. 그 순간 생겨난 진공 속으로 흘러들어오듯 다양한 가능성과 선택지가 120% 리얼리티로부터 일거에 들어온다. 이 가능성과 선택지는 100% 리얼리티에서는 존재하지 않았던 것들이다. 다시 말해 현재로부터 만들어진 해결책이 아니라 미래에서 보낸 해결책이란 게 실감 날 정도다.

과거로부터의 연장선상인 현재에서는 미래를 구축하기 어렵다. 그렇기에 '비연속 발상'을 하지 않으면 더 이상 가치는 만들 수 없다고 한다. 비연속 발상을 하기 위해서는 이러한 '비연속 현실 인식'이 도움이 되지 않을까. 다시 말해 진정한 창조적 발상은 다른 현실에서 오는 것이라는 인식이야말로 막다른 골목이나 절망의 구렁텅이에 내몰린 상황에서도 평온을 유지하고 미래에 대한 희망을 품을 수 있도록 하는 게 아닐까.

강한 이들을, 강한 공간에 모아, 강한 시간을 공유하다

비연속 현실을 생생하게 느꼈던 사적 경험을 여러분과 공유하고 싶다.

2000년, 그러니까 내가 첫 책을 낸 지 2년쯤 지났을 때였다. 당시 나는 실천 마케터라는 직책을 맡아 단기간에 결과를 내기 위한 다이렉트 마케팅 분야의 자문을 주로 하고 있었다. 마침 다이렉트 마케팅으로 영업 활동의 축을 옮기는 기업이 늘어나고 있던 시점이라 다행히도 회원 기업이 1000곳을 넘었던 상황이었다. 그래서 혼자서는 도저히 감당할 수 없었다. 그렇다 보니 나와 협력해 기업 상담을 해줄 파트너 컨설턴트를 모집했다.

파트너들과의 단합과 워크숍을 겸한 합숙을 가루이자와에서 진행했다. 합숙 마지막 날, 우리는 활동 방침을 정하기 위해 앞으로 어떻게 할 것인지에 대한 구체적인 비전을 논의했다. 그리고 목표 수치를 정했고 고문 대상 기업 수, 고문 기업에 대한 공헌 매출, 기업 연수 수 등의 다양한 아이디어가 나왔다. 하지만 그 어느 것도 강력한 구심점은 되지 못했다. 그러는 사이 자신감을 잃은 사람도 하나둘 나오기 시작하면서 분위기가 무척 어색해졌을 때 문득 내 입에서 이런 말이 튀어나왔다.

"음…… 좋았어! 모두 작가가 되어 누계 100만 부를 달성할 책을 냅시다. 기한은 2002년 3월까지."

이 목표를 들은 파트너 컨설턴트들은 쓴웃음을 지으며 입을 다물었다. 짙은 침묵의 시간이 이어졌다. 그런 일은 있을 수 없다는 의미였다.

당시 경제경영서라고 하면 번역서로는 피터 드러커, 존 갤브레이스가 유명했고 일본 저자의 책으로는 오마에 겐이치, 사카이야 다이치 등이 쓴 책이 독자의 사랑을 받았다. 대부분으로 흰색 표지의 하드커버 장정으로 내는 것이 정석이었다. 평생 한 권이라도 자신의 책을 출간할 수만 있으면 영광이라고 생각했던 시대다. 이런 때에 고작 2년 만에 우리 모두 작가가 되어 총 100만 부를 팔자는, 있을 수 없는 목표를 엉겁결에 말한 것이다.

하지만 그 순간…… 뭔가가 움직였다. 침묵 속에서 뭔가가 크게 움직이는 소리가 났다. 내 감각으로는 지구 중심에 놓여 있던 무거운 납덩어리 볼링공이 데구르르 움직였다. 그리고 공간이 미묘하게 달라졌다. 데구르르 굴러가는 소리를 들은 후 조금 전 보았던 자신감 없는 상태가 거짓말처럼 사라졌다.

어떻게 해서 그렇게 됐는지는 사실 잘 모르겠다. 하지만 다 함께 100만 부 판매를 달성할 책을 출판한다는 결과를 결국 성취하리란 것을 누구나 알고 있었다. 우리 모두는 그런 상태로 바뀐 것이다.

우리가 공저로 책을 출간하는 동안 드문드문 출간 의뢰가 들어왔다. 한 명씩 집필 의뢰가 들어오자 다른 사람들도 부담을 느끼기 시작했다. '왜 나에게는 의뢰가 오지 않을까'라고 마지막까지 불안해하던 사람은 출간하자마자 20만 부가 판매된 베스트셀러 작가가 되었다. 출판사 사장에게 후원을 받는 등 지금 돌아보면 대중서를 만드는 새로운 출판

문화의 움직임이 일어나기 시작했다.

결과적으로 우리는 100만 부를 팔며 목표 달성에 성공했다. 협력적이었던 신흥 출판사는 급성장했고 베스트셀링 경제경영서를 연속으로 내는 출판사가 됐다. 내 책의 표지가 강렬한 '쇼킹 핑크'색이었다 보니 '핑크색 책은 잘 팔린다'는 소문이 확산되며 지금껏 하얀색의 딱딱한 표지 일색이었던 서점의 경제경영 분야 진열장이 번화가의 화려한 간판들처럼 눈부시게 바뀌었다. 이렇게 읽기 쉬운 스타일의 경제경영서는 영미권 번역서에 비해 실용적이란 평가를 받았고, 다른 아시아 국가에도 널리 퍼졌다.

우리가 도달한 현실은 120% 리얼리티만으로는 부족하고 1000% 리얼리티, 2000% 리얼리티였다.

이러한 움직임을 만드는 경험을 하는 동안에 나에게는 다른 사람에게는 말하지 않고 마음속으로 간직해온 질문이 있었다. 바로 '그 지구 한복판에 있는 무거운 볼링공을 움직이려면 어떻게 해야 하는가?'였다.

내 나름의 답을 말하자면 이렇다. 강한 사람을, 강한 시기에, 강한 장소로 모으는 것. 그러면 어떻게든 지구 중심에 있는 볼링공이 움직여서 '짠!' 하고 새로운 현실로 이동하는 것처럼 된다.

생각해보면 당연하다. 만약 사고의 질량에 따라 현실 평면이 왜곡되는 것이라면 좁은 장소에 무거운 질량을 한꺼번에 가하면 그 현실 평면은 쉽게 부서진다. 새로운 현실로 이어지는 문이 열리는 것이다.

이것은 전적으로 나의 감각적 인식에 따른 결론이지만, 그 후 재미를 붙여서 변화를 일으키려는 프로젝트를 시작할 때면 산 근처에서 합숙하는 것이 당연히 해야만 하는 의식처럼 되어버렸다.

이는 결코 내가 변화를 일으킨 걸 여러분에게 자랑하려는 게 아니다. 실제로 이런 움직임을 만드는 것은 아주 힘들고 고통스러울 수도 있다.

나는 똑같이 반복해 합숙을 하면서 비전 그리고 수치 목표를 만든 적이 있다. 그때도 똑같이 볼링공이 움직이는 순간이 있었고, 실제로 움직임이 일어나 큰 사회적 성과를 남겼으나…… 생각하지 못했고, 바라지도 않았던 권모술수가 난무하여 나는 재산, 신용 그리고 건강과 그 외의 모든 것을 잃을 뻔했다.

그렇다 보니 이처럼 태풍의 눈이 될 수도 있는 것을 모두에게 추천하지 않는다. 하지만 내 안에서 보물처럼 소중하게 남아 있는 것은 그때 확실히 공간이 움직였던 강렬한 경험이다.

슈뢰딩거의 고양이

'100% 리얼리티', '120% 리얼리티'란 표현을 쓰면 여러 개의 현실이 존재한다는 느낌이라서 사람에 따라서는 양자역학의 다세계 해석을 떠올릴지도 모른다. 바로 SF소설에 등장하는 평행세계Parallel World 세계관이다.

평행세계와 이 책의 주제인 과제 해결, 이 두 가지는 얼핏 보면 아무 관계도 없어 보인다. 하지만 나는 몇 개의 신규 사업 창출 프로젝트에 참여하는 동안 복수의 현실이 존재한다는 관점이 혁신적 해결책을 낳기 위해 아주 효과적이라고 느끼기 시작했다.

세계는 몇 개의 다른 현실이 중첩되어 이루어져 있다고 생각하는 다세계 해석을 적용하면 어떤 이점이 있을까? 이제부터는 지금까지 다른 책에서는 별로 다루지 않았던 이 주제에 대해 내 생각을 공유하고 싶다. 그 전에 먼저 양자역학을 이해하기 위해 '슈뢰딩거의 고양이'라는 사고실험을 소개한다.

뚜껑이 있는 상자를 준비하고 그 안에 고양이 한 마리를 집어넣는다. 상자에는 고양이 외에 반감기가 한 시간인, 즉 한 시간 후에 붕괴될 확률이 50%인 방사성 원자핵 한 개를 넣고 이 방사성 원자핵이 붕괴되자마자 맹독 가스가 분출되는 구조를 만든 후 뚜껑을 닫는다. 한 시간 후…… 고양이는 어떻게 될까? 양자역학에서는 고양이의 상태를 확률로만 표시한다. 따라서 죽었을 확률이 50%, 살아 있을 확률이 50%인 중첩된 상태가 된다고 본다.

양자역학의 다세계 해석에서는 고양이가 상자에 들어간 순간 우주는 두 개로 분열된다. 주고받는 게 없는 병행 우주는 몇 개나 존재하게 된다. 그리고 뚜껑이 열리고 관찰하게 된 순간, 어딘가의 우주에 속하게 된다고 해석한다.

'세계는 하나'라는 생각이 오랫동안 상식이었던 우리에게는 너무 이상한 설명이지만, 급변하는 국제 정세를 생각했을 때 몇 개의 현실이 중첩되어 있다고 보는 양자역학의 다세계 해석이 오히려 설득력이 있는 것 같지 않은가. 특히 일본은 3.11 동일본 대지진 이후 과거로부터 현실이 지속된다기보다 어딘가에서 다른 차원의 현실로 이동하고 있다는 생각마저 들 정도다. 후쿠시마 원전 사고, 영토 문제, 재정 위기……. 예상치 못한 수많은 사건에 의해 과거로부터 계속된 100%의 현실이 완전히 터져 나오기 시작하는 한편, 지금까지는 상상의 영역이었던 놀라운 기술이 속속 부상하고 있다. 극히 일부의 예를 들자면,

- 식량 문제, 환경 문제를 해결하는 유글레나
- '세포의 타임머신 개발'이라고 일컬어지는 iPS 세포
- 콤팩트 의료 기구로 원격의료를 실현하는 데이터 해석 서비스
- 80% 이상의 확률로 적중하는 지진 예보 기술
- 화장실 배설물을 분해해 음료수로 바꾸는 효소 배양
- 자율 주행 자동차의 일반 도로 주행 실험

이러한 것들이 있다. 불과 몇 년 전까지 그 존재를 입에 담는 것만으로도 웃음거리가 된 것들이다. 이런 기술은 지금까지 '100% 현실'의 연장선상에서 개발된 것이라기보다

갑자기 '100%의 현실'에서 도라에몽이 보내온 것 같다.

이렇게 불안과 희망이 교차하는 일상을 보면 지금까지 우리의 현실을 지탱해온 트램펄린의 움푹 들어간 구덩이가 점점 커지고 이제 더는 버티지 못하는 상황에 가까워진 것처럼 느껴진다. 앞으로 우리는 어느 현실로 이동하려 하는 것일까?

양자역학에서는 상자 뚜껑을 열기 전까지는 '죽은 고양이'와 '산 고양이'가 중첩된 상태다. 지금 일본을 여기에 비유하면 '죽은 일본'과 '산 일본'이 중첩되어 있는 상태이고 우리가 어떤 상자를 여는지에 따라 현실은 어느 한쪽으로 수렴된다. 그렇다면 우리는 어느 쪽 상자를 열고자 하는가? 지금 바로 이러한 선택을 할 국면에 서 있는 것 같다. 아마도 누구나 '죽은 일본'을 선택하고 싶지는 않을 것이다. 그러면 '산 일본'을 선택하려면 어떻게 해야 하는가?

여기서 양자역학의 세계관이 우리에게 힘을 준다. 왜냐하면 그것이 과거로부터 이어지는 현실의 무게에서 미래를 떼어놓기 때문이다. 우리는 과거에서의 연장선상에서 지금의 일본을 바라보면 어쩔 수 없이 막다른 골목에 서게 된다. 바로 상자에 갇힌 상태다. 이 상자를 앞에 두고 '현실적으로 생각하라!'라고 선택을 강요당하면 과거로부터의 현실로 돌아가게 된다. 똑똑하게 분석하는 사람일수록 과거의 무게로 만들어진 크고 깊은 구덩이에 굴러떨어지는 법이다. 그래서 현실은 여러 개가 있다. 과거로부터의 현실은 그중 하나이고, 미래의 현실과는 전혀 다르다. 그러니 왜곡된 과거로부터의 현실로 돌아가지 말고 미래의 현실로 점프하면 되는 것이다. 그러면 전혀 다른 가능성과 선택지가 다시 생긴다.

아무리 궁지에 몰렸다 해도 그 불안이나 공포에 끌려 내려가는 것이 아니라 어처구니없을 정도로 가볍게 점프하는 힘. 어떤 절망의 늪에 빠져도 끈질기게 희망의 시나리오를 그리고 눈앞의 일에 집중하는 힘. 이것이 바로 현실은 선택할 수 있다는 세계관이 주는 힘이다.

살기 위한 이야기

사고의 무게, 시공간이 움푹 들어간 곳, 100% 리얼리티에서 120% 리얼리티로의 교체, 평행현실. 다른 책에서는 그다지 흔히 접할 수 없었던 말을 늘어놓았는데, 우리가 전뇌사고에 아이처럼 열중해온 이유를 여러분도 공감하지 않을까?

눈앞에 놓인 일이라는 아주 실제적인 과제를 하면서 우리가 탐구해온 것은 '현실은 어떻게 성립되는가?'라는 심오한 질문이었다. 그리고 찾은 답은 누군가를 행복하게 해주려는 이타심에 따라 눈앞의 일에 몰두한다. 그렇게 해서 자신들이 변하면 현실은 자신들이 보고 싶어 하는 세계로 바뀐다는 것이었다.

당연한 결론이지만 우리는 말할 수 없이 흥분했다. 이 사고법이 확산하면 다양한 문제를 단번에 해결할 수 있다. 만약 리더십이 부재한다면 타인에게 책임을 전가하는 게 아니라 자신이 스스로 리더로 일어설 수 있는 수단을 손에 넣을 수 있다. 이것이 연쇄적으로 확산되면 세계는 이타에서 시작되는 행동으로 채워질 것이다. 그 결과 언젠가는 빈곤도, 분쟁도, 차별도 없는 조화로움이 넘치는 새로운 세계를 만들어낼 수 있을 것이다.

나는 전뇌사고를 가르칠 때마다 천진난만한 초등학생이 된 것 같은 고양감으로 가득 찼다. 하지만 그 기쁨은 오래가지 않았다.

2010년 12월 7일, 나는 심각한 병을 진단받았다. 악성흑생종이라는, 글자 그대로 악성 피부암. 진단을 받은 때로부터 25년도 더 전에 왼손 중지의 손톱이 문에 끼이면서 흰 줄이 생겼는데, 이것이 진단 5년 전쯤부터 검은 줄로 변해 있었다. 나이 탓인가 싶어 내버려 두었지만 해가 갈수록 검은 피부가 섬뜩하게 번져나가 검사를 해보니 암이라는 사실이 밝혀졌다. 검사 후 왼쪽 겨드랑이에서 13mm짜리 종양도 발견됐다. 가장 먼저 전이되는 곳이라서 혹시 악성이라면 암 3단계로 5년 내 생존율은 50%. 반대로 말하면 5년 내에 죽을 확률이 50%라는 것이다.

당시 46세였던 나는 머리가 하얘졌다. 하지만 3일 후에는 치료 대책을 생각하기 위해 퓨처매핑을 그리고 그 행동 시나리오에 맞춰 암에 관한 책을 닥치는 대로 구입했다. 그때《행복은 암이 가져다주었다 I Choose Life》라는 책을 만났다. 이 책에는 이미지 치료 덕분에 말기 뇌종양이 치료되었다는 일화가 실려 있었다. NHK 교육 스페셜 '인간은 왜 치유되는가?'에서도 특집으로 다룬 놀라운 이야기다. 간단히 소개해본다.

1978년 9월 당시 아홉 살이었던 개릿 포터 Garrett Porter 는 수술이 불가능한 말기 뇌종양 선고를 받았다. 방사선 치료도, 화학요법도 전혀 도움이 되지 않았는데, 마침 그때 캔자스주에서 클리닉을 운영하던 임상심리학 박사 패트리시아 노리스 Patricia Norris 를 만났다.

남은 수명이 6개월이란 선고를 받은 개릿과 노리스 박사는 이미지 치료에 전념해 백혈구와 뇌종양의 싸움을 뇌 안의 우주전쟁이란 이미지와 중첩시켜 스토리를 지어냈다. 개릿 자신은 암을 공격하는 전투부대의 대장 그리고 노리스 박사는 관제탑의 사령관. 두 사람은 이 스토리를 연기하며 음향효과까지 넣은 이미지 치료 테이프를 제작했고 개릿은 그 테이프를 매일 반복해서 들었다. 그 결과는⋯⋯ 1년 후, 종양이 흔적도 없이 사라졌다.

이 이야기를 읽었을 때, 나는 '역시⋯⋯, 그랬구나' 하며 확신했다. 이야기를 만들고 이미지로 암을 제거하는 것은 전뇌사고 과정과 동일하다.

다만 개릿과 나는 두 가지 차이점이 있었다. 먼저, 암을 적으로 돌릴 필요가 없다. 나는 전뇌사고의 방법론을 바탕으로 악성흑색종을 행복하게 만들어주기로 결심했다. 그래서 악성흑색종이 3개월 만에 행복하게 되는 이야기를 구상했다. 그가 행복해지면 나는 그를 필요로 하지 않으며, 그도 나를 필요로 하지 않을 것이다. 그러면 악성흑색종은 본래 자신이 있어야 할 세계로 돌아가게 된다. 병행현실주의자인 나로서는 암이 있는 현실에서 암이 없는 현실로 이동하면 되는 것이다.

두 번째 차이점은 단순히 이미지를 머릿속에서 반복해 떠올리는 게 아니라 이야기에 연결된 모든 행동을 빠짐없이 실행했다. 근거중심의학에서부터 말기암 환자용 최첨단

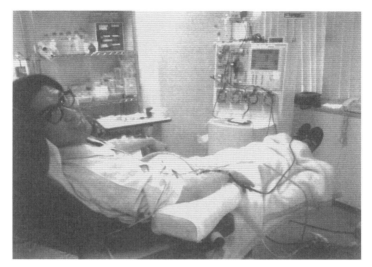
백혈구의 단구를 채취해 암 항체를 만든 후 몸 안에 넣는 치료 중인 모습.

치료, 동양 치료, 그리고 일반적으로 '사이비'로 간주되는 치료법까지 어쨌거나 직감과 논리적 분석으로 온갖 치료법을 검토했다. 의사에게도 나름의 의지를 명확하게 전하고 스스로 책임을 질 수 있는 범위 내에서 치료에 임했다.

  왜 이렇게 의지를 수반하는 행동을 중시한 것일까? 거기에는 내 나름의 생각, 즉 현실을 바꾸는 과정에 관한 독자적인 인식이 있었기 때문이다.

인식을 현실화하는
설계도

현실을 바꾸는 과정, 나에게 이것은 사고와 행동의 춤을 추며 계단을 오르는 이미지로 그려진다. '사고는 현실이 된다'라고 하는데 실제로 생각한 것만으로는 바로 현실이 되지 않는다. 왜냐하면 사고는 과거의 현실에서 끌려 나오기 때문이다. 사고를 정착시키려면 행동이 필요하다. 행동을 하면 미래를 향해 사고는 더 확고해지고, 그 사고의 토대 위에서 다시 다음 행동으로 나아갈 수 있다. 이러한 사고와 행동이 상승효과를 일으키며 여러분을 이상적 현실로 데려다준다. 이것을 도식화한 것이 바로 퓨처매핑 곡선이다.

곡선 아랫부분이 인모션In-Motion, 그리고 윗부분이 엑스모션Ex-Motion이 된다. 인모션이란 자신의 내면에서 일어나

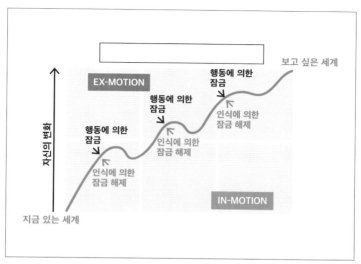

인식의 변화와 행동의 변화를 보여주는 전뇌사고 곡선.

는 움직임이자 사고다. 거기에 반해 엑스모션은 자신의 외면에서 일어나는 움직임이자 행동이다.

곡선이 계단 모양이 되면 보고 싶은 세계에 도달할 때까지 현실 변경의 잠금장치가 어디에 걸려 있는지 알 수 있다. 왜 잠금장치를 거냐 하면 내면이 변하는 순간 외면, 즉 세계가 바뀌어버리면 몹시 곤란해지기 때문이다. 가령 사랑하는 사람과 다투고 나서 홧김에 '걔가 콱 죽어버렸으면 좋겠어'라고 생각한 순간 정말로 죽게 되면 큰일이 나버린다.

그렇기 때문에 내면의 상황이 외면의 상황에 영향을 미

치려면 걸려 있는 잠금장치를 해제해야 한다. 그러려면 인식의 변화와 행동의 변화가 모두 필요하다. 그리고 그 변화의 타이밍을 보여주는 것이 바로 이 전뇌사고 곡선이다.

곡선이 춤추는 곳에서는 보고 싶은 세계를 향해 자기 자신의 사고를 정착시키는 작업이 필요하다. 그러려면 몸을 움직이는 것이 중요하다. 미래 세계를 느끼면서 몸을 움직여야 한다. '현실(現実)'이라는 단어가 '몸(실체, 実)을 드러낸다(現)'라는 의미를 가진 것에서 알 수 있듯이 말이다. 행동을 통해 사고에 형태를 부여하면 현실이 되는 것이다.

그렇다면 보고 싶은 세계에 가까워지기 위해서는 합리적인 행동을 해야 하는가? 내 경험상 합리적일 필요는 전혀 없다. 재무 시뮬레이션을 준비하는 것이든, 고기를 먹으러 가서 활력을 채우는 것이든, 신사에 가서 새전을 내는 것이든 아무런 차이도 없었다. 보고 싶은 세계를 자신의 사고에 정착시키기 위해 몸을 움직여서 '할 일은 했다'라고 확신하는 것이 가장 중요하다. 다른 사람이 아니라 여러분 자신이 스스로 옳다고 생각하는 행동이라면 무엇이든 상관없다.

왜 이런 말을 하냐면 어떤 방법론이든 창조적 과제를 달성하려고 하면 처음부터 끝까지 순조롭게 진행되는 경우는 드물고 대부분의 경우 도중에 막히기 때문이다. 그 이유는 이미 아는 대로 지금까지 현실에서 생긴, 움푹 들어간 곳이 더 이상 견디기 어려울 정도로 커져서 지금까지의 자신 그리고 세상을 보는 관점을 내려놓지 않으면 안 되기 때문이다.

그렇다면 이런 막다른 곳에 부딪혔을 때 어떻게 해야 하는가. 지금까지의 현실을 강화하는 합리적인 일을 열심히 하는 게 아니라, 비합리적으로 즐거운 일을 했으면 한다. 가령 좋아하는 사람들과 영화를 보러 가거나, 밥을 먹으러 가거나……. 자신이 느끼기에 기쁨을 느낄 만한 최고의 시간을 보내는 것이다. 그러면 우연히도 생각하지 못한 아이디어가 떠오르거나 알 수 없는 사람을 만나기도 한다. 옆길로 새는가 싶었는데 말도 안 되는 지름길이 나오는 것이다.

보고 싶은 세계에 도달하려면 노력은 필요 없다. 발버둥 칠 필요도 없다. 중요한 것은 보고 싶은 세계로 끌어올려질 수 있게 자기 자신을 놓아주는 것이다. 거기에 돌파구가 있다.

자신의 힘을 믿을 때
세계가 만들어진다

나는 갑작스럽게 암 선고를 받았는데 사람이 이렇게 궁지에 몰리게 되면 아무래도 '현실적'인 사고를 하게 된다. 구체적으로는 악성흑색종이란 병에 대해 현실적으로 인터넷에서 조사하게 되었다. 그렇게 얻은 정보와 나의 상황을 대조해 냉정하게 생각해보니 3기는 암의 진행 병기에서 최악의 단계였다. 5년 생존율이 50%라고 했으니 최악의 경우 5년 후에 죽는다고 가정하고 인생을 카운트다운하는 이야기를 만들기 시작했다.

하지만 나는 이 현실에 끌려다니지 않기로 했다. 왜냐하면 전뇌사고로 이야기가 실현되는 과정을 여러 번 지켜봤던 나는 현실적인 행동을 할수록 그대로 실체(몸)가 나타난다는 것을 잘 알고 있었다. 그래서 50%가 생존한다는 숫자에 연연하지 않고 100% 질병이 사라진다는 이야기를 만들었다. 그리고 지금까지의 현실 무게에 끌려다니지 않게 공포가 아니라 희망을 선택하고 새로운 현실로 점프했다.

그 결과 나는 암을 선고받고 반년 후에 암이 없는 현실로 바꿔버렸다. 종양은 작아져서 이제 더는 악성이 아닌 것으로 판명됐다. 또 발병한 지 5년이 지났음에도 암은 표피 안에 남아 있어서 절제만으로도 완치되는 최상의 상태인 것으로 결론이 났다.

이 투병 과정은 나의 개인적 체험담이다. 하지만 현재, 시대는 역사적 전환점에 있으며 새로운 선택을 해야 하는 순간이다. 선택을 위해 사회 전체가 상자 속에 갇히는 것 같은 상황에 처하게 될 때 불안과 두려움을 느끼는 사람들이 있을 것이다. 어쩌면 이들에게는 이 사소한 개인적 에피소드가 도움이 될지도 모른다. 상자 뚜껑이 닫혀 있는 어둠 속에서 현실이 무너진다는 공포 이야기는 상당히 매력적이다. 그래서 매스컴은 공포를 미끼로 시청률을 올리려 하고, 정치가는 적을 만들어 권력을 키우려 한다.

이런 상황에서 나는 이렇게 말하고 싶다.

아니다, 아니다.

두려움을 느낄 필요는 없다. 두려움이 아니라 희망을 선택하라.

그리고 전력으로 눈앞에 놓인 일에 집중하라.

희망적인 이야기를 그리는 사람이 눈앞에 놓인 과제를 진지하게 몸을 움직여서 임할 때 그 작은 행동으로 사고는 무거워진다. 그렇게 크게 움푹 들어간 곳이 되어 똑같이 희망의 세계를 보는 무수히 많은 사람들을 모은다. 물리적 거리가 떨어져 있든, 다른 조직에 속해 있든, 각자 서로 미워하는 나라에 속해 있든 상관없다. 표면적으로는 싸워도 희망을 이룩하기 위해 서로 협력하는 것이다.

한 명 한 명이 희망에 관한 이야기를 그리고, 한 명 한 명이 크게 성장하는 곳에서 이상적인 사회가 출현한다. '자기 자신이 보고 싶은 세계의 변화가 된다'라는 건 이런 과정에서 나온 말이라고 할 수 있다. 그리고 바로 지금이 우리에게 그런 힘이 있다는 것을 깨닫는 순간이다.

인도 건국의 아버지,
마하트마 간디는 이렇게 말했다.
"여러분 자신이
세계에서 보고 싶은 변화가 되어라."

세계의 변화는
갑자기 찾아오는 우연을
어떻게 살리느냐에 달려 있다.

강한 사람을, 강한 시기에,
강한 장소로 모으는 것.
사고의 질량에 따라 현실 평면이 왜곡되어
새로운 현실의 문이 열린다.

에필로그

세계가 지금
자각시키려는
주인공

지금까지 이야기한 것처럼 세계를 바꿀 힘을 발견하는 과정은 '누가 행복해질까?'라는 아주 간단한 질문에서 시작한다. 지금, 이 질문을 개인이 아니라 세계에 적용해보자.

우리는 미국의 9.11 테러, 일본의 3.11 동일본 대지진처럼 지금까지의 세계관에서는 전혀 있을 수 없는 참사에 직면하면서 앞이 전혀 보이지 않는 상황 속에서 여전히 방황하고 있다. 이 혼돈 속에서 새로운 방향성을 찾기 위해서는 지금까지의 현실을 지탱해온 이야기를 새로운 시대에 맞춰 다시 그려야 한다.

나는 이 책의 제목을 《대발견》으로 지었는데, 이는 전뇌사고를 대발견한다는 뜻이 아니다. 인류가 자신을 대발견한다는 뜻이다. 그런 의미에서 대발견이란 여러분이 앞으로 성취할 여러분의 변화를 가리키는 것이다. 엄청난 가능성을, 한 명 한 명이 대발견하는 시대가 드디어 도래했다. 이렇게 자신의 잠재력을 최대한 이끌어내고, 타인과 공명할 때 미래를 창조할 수 있다. 그렇다. 이 도구가 가져오는 기적 같은 생명과 생명이 만나는 순간, 그야말로 나에게 있어서는 "비상식적 성공"이다.

"비상식적 성공"은 미래로부터의 선물이다. 그리고 그 선물은 당신에게도 준비되어 있다. 여러분이 세상에서 보고 싶었던 변화를 스스로 만들어낼 수 있는 진정한 재능을 발견할 시간이 왔다. 퓨처매핑을 그릴 때마다 우리는 그 선물을 받아들이고, 가능성의 문을 열 수 있다. 그럴 때마다 우리는 새로운 자기 자신을 만나고, 새로운 미래를 창조해 간다. 그런 우리들의 미래로 가는 여행은 이제 막 시작된 것이다.

여러분과 함께 우주의 원리를 밝혀내고 인류의 진화와 새로운 가능성을 발견할 수 있기를 진심으로 기대한다.

전뇌사고에 대한 FAQ

Q. 퓨처매핑은 어떤 조직에서
사용했을 때 효과적일까요?

A. 초등학교부터 대학교의 수업 시간, 장애인 교육 등 교육기관에서부터 공무원 리더십 교육, 대기업 직원 연수, 전국 유치원장 자격 연수 등 많습니다. 전뇌사고를 처음 접한 사람들도 참신하면서도 현실적인 행동을 할 수 있는 아이디어를 단시간에 도출할 수 있어 좋은 평가를 받고 있습니다.

또한 지역 활성화 행사나 온라인 쇼핑몰 입점 예정자들을 위한 설명회처럼 다른 의견을 가지고 있는 이들이 하나의 문제에 공동으로 대응할 때도 활용할 수 있습니다.

Q. 마인드맵,
KJ법 등도 있습니다…

A. 　전뇌사고는 다른 방법론을 배제하지 않습니다.
오히려 다른 수단과 서로 보완하여 사용된 사례
가 풍부하게 존재합니다.

　문제를 해결하고 행동을 촉구하여 결과를 내는 것이 근
본적인 목적이기 때문에 더 활용하기 쉬운 수단이 있으면
그 방법을 사용하면 됩니다. 단, 일반적인 수단은 연속된 정
지화면처럼 어느 한 단면을 잘라낸 것으로 '시간 축'에 근
거하지 않는 것이 대부분입니다.

　이에 반해 전뇌사고는 마치 동영상처럼 스토리 전개가
분명하게 존재하고 문제 해결에 이르는 행동 계획을 시간
순서대로 정리하는 아주 독특한 프레임입니다. 이 덕분에

회의 같은 경우 자리를 정리하며 회의에서 도출된 다양한
아이디어를 실제로 적용한 행동 시나리오로 정리하는 데
매우 편리한 수단입니다.

Q. 행복하게 만들어주고 싶은 사람이 떠오르지 않습니다.

A. 비슷한 맥락에서 '나 자신을 행복하게 만들어주고 싶다', '혼자가 아니라 모두를 행복하게 만들어주고 싶다'라는 사람도 있습니다. 또한 '행복'이란 말에 거부감을 보이는 사람도 있습니다. 그런 사람에게는 공통적으로 힘든 직장 환경이나 어려운 인간관계 속에서 자기 자신의 행복이란 감정을 억눌러왔다는 특징이 있는 것 같습니다.

이 질문과 같은 경우에는 우선 '나는 행복해져도 된다'라는 생각을 스스로 받아들일 수 있는지 한번 시험해봅시다. 혹시 어렵다면 무리해서 전뇌사고를 쓰지 않아도 됩니다. 그럴 때는 '애쓰지 말고 손에서 놓아도 좋아'라고 스스로를 허락해줍시다.

행복하게 만들 누군가가 도저히 떠오르지 않을 경우에는 이렇게 해봅니다. 사람이 아니라 자주 사용하는 펜이나 가방 등 여러분의 눈앞에 있는 물건을 행복하게 만든다고 생각하는 겁니다. 그렇게 해도 상관없습니다.

Q. 행복하게 해줄 사람으로는
누가 좋을까요?

A. 가까운 사람이나 가족, 마음이 가는 사람 외에 여러분과 반대되는 사람이나 문제와 직접 관계가 없는 사람이나 사물 등을 행복하게 해준 사례가 있습니다. 반대되는 사람은 라이벌 또는 자신의 목적 달성에 있어서 눈엣가시 같은 사람으로 같은 문제를 자신과 정반대 관점에서 보는 사람을 가리킵니다. 관계가 없는 사람은 연예인 혹은 역사상의 인물 등이 있을 수 있고 사물은 주변에 있거나 떠올릴 수 있는 물건이 될 수 있습니다.

각각 장점과 단점이 있습니다. 가까운 사람이나 가족은 평소의 언행을 잘 알아서 말이나 행동이 쉽게 떠올라 이야기를 생생하게 그릴 수 있습니다. 반면 이야기가 가상의 것이라서 제대로 보지 못하게 되면 현실로 끌려들어 가기 십상입니다. 자신과 반대되는 사람, 관계 없는 사람이나 사물의 경우 이야기를 무책임하게 지어내게 되면 다소 황당무계해져 현실에서의 힌트를 얻기 어려워집니다.

'이 과제를 다뤄야겠다'라고 생각했을 때 문득 머리에 떠오른 사람, 과제와는 관계가 없지만 최근에 몹시 신경이 쓰이는 사람을 '마인드셰어를 차지하는 사람'이라고 합니다. 이 사람을 행복하게 해주면 생각지도 못한 아이디어가 나오는 경우가 자주 있습니다.

다양한 대상을 행복하게 해주는 것에 익숙해지면 과제를 마주한 순간 '이 사람이 아니면 안 돼'라며 적임자를 떠올릴 수 있는 감각이 생깁니다.

Q. 컨설턴트입니다. 전뇌사고를 고객의 문제를 해결하는 데 적용하고 싶은데 이를 어떻게 설명하면 좋을까요?

A. 　모든 새로운 발상, 수단과 마찬가지로 조직은 익숙한 방식이 아니면 멀리 하는 경향이 있습니다. 물론 전뇌사고도 예외가 아닐지도 모릅니다. 전뇌사고는 특히 본질적인 것이어서 조직 자체가 다음 성장을 찾도록 의식 변화를 촉구하는 경우도 있습니다. 이야기를 통해 조직의 시점을 크게 변화시키는 것이어서 직감적으로 위험을 느끼고 완강하게 저항하는 사람도 종종 나타납니다.

　이러한 경향은 보수적인 조직에서 도입할 때 강하게 나타납니다. 그렇지만 근본적인 이야기는 그룹에 참가한 개개인이 공통으로 그리게 됩니다. 그렇기 때문에 그룹에 대해 전뇌사고 퍼실리테이션을 실시하면 그러한 경계와 두려움을 줄일 수 있습니다. 전뇌사고를 경험하기 전까지는 저항이 있을 수 있지만, 한번 경험하고 나면 그 이후에는 모든 문제를 매끄럽게 해결하는 데 활용하게 됩니다.

현실적으로 보면 조직이나 수단에 의지하지 않으면 성공하지 못할 수 있다는 두려움은 공감합니다. 여러분 자신이 그러한 두려움을 내려놓으면 주변 사람들도 두려움을 내려놓을 것입니다. 고객이 전뇌사고를 쓰는 게 목적이 아니라, 문제를 해결하는 최선의 방법이 무엇인가를 생각하고 어디까지나 여러분이 상대에게 제공하는 가치를 높이는 것에 초점을 맞춥시다.

Q. U 이론과
비슷하지 않나요?

A.   전뇌사고는 U 이론과는 다른 배경에서 만들어진 이론이지만 우연히도 U 이론의 과정을 전부 포함하고 있습니다. 반복적 변용에 대해서는 이야기라는 인간의 본질적 부분을 구현하면서 과제에 대한 집착이나 '불가능하다', '어렵다'라는 고정관념을 버리는 방법을 취하고 있어 '프레젠싱'이라고 부르는 현상이 일어납니다.

Q. 회사에 기획을 제안할 때 활용할 수 있을까요? 논리적인 설명이 어려울까요?

A. 전뇌사고는 감성을 많이 사용하므로 언뜻 비즈니스 문서에는 어울리지 않는 것처럼 보이지만 실제로는 품의서나 기획서 등에도 많이 활용됩니다.

지금의 기업 활동을 보면 '무에서 1을 만들어내는 것'이 요구되는 경우도 많습니다. 그럴 때 지금까지의 기업 활동의 연장선상에서 혹은 효율화만으로는 달성할 수 없는 목표가 주어지는 경우도 흔합니다. 또 로지컬 씽킹은 대량의 데이터와 현상을 정리하는 데 도움이 되지만, 신규 사업 기획이나 전에 없던 상품, 서비스를 새로 만들어내는 방법론으로는 부족한 요소가 있다는 걸 부정할 수 없습니다. 그렇지만 전뇌사고는 종래의 틀을 뛰어넘은 아이디어를 내놓거나, 목적을 달성하기 위한 행동 계획을 세울 때 도움이 됩니다.

전뇌사고는 3막으로 구성되어 있는데 '문제 제기-본론-결론과 가능성'이라는 기획서의 구성방식과 동일합니다. 비즈니스 문서에 전뇌사고를 활용할 때는 곡선 위의 행동 계획을 주축으로 구성하면 좋을 것입니다.

Q. 그룹으로 할 때의
주의점은 무엇입니까?

A. 가령 모두가 리더급이라는 같은 배경뿐만 아니라 신입사원이나 다른 배경을 가진 여러 부서원들로 그룹을 구성하면 좋을 것입니다. 왜냐하면 다른 시점에서 보는 사람이 있어야 지식 이전이 쉽기 때문입니다.

전뇌사고는 참가자를 성장시키는 방법론입니다. 참가자는 스스로 생각하고 행동 계획을 실행하면 지금까지의 틀을 뛰어넘어 성장할 수 있습니다. 따라서 교육 현장에서는 교사가 개입하지 않고 학생이 스스로 깨닫고 배우게 하는 사례가 많습니다. 하지만 비즈니스 현장에서 같은 배경을 가진 사람으로만 구성되어 있으면 자신의 성장에만 초점을 맞춘 아이디어가 나오는 경향이 있어서 원하는 결과를 언지 못할 수도 있습니다. 따라서 다른 배경을 가진 사람들을 참가시킴으로써 객관적인 시각을 갖추고 본래의 목적인 비즈니스 목표를 달성하는 데 초점을 맞춰야 합니다. 이렇게 하면 아주 효과적이고 참신한 아이디어를 끄집어낼 수 있고 현실적인 행동을 촉구해 그 후의 프로젝트에 이르는 커뮤니티를 형성할 수 있게 됩니다.

Q. 퓨처매핑을 그리다 보면 갑자기 감정이 요동치는 듯한 깨달음이 일어날 때가 있습니다. 그 이유가 무엇인가요?

A. 변화를 겪은 사람은 자신의 본질에 가장 가까운 영역에 닿은 사람입니다. 다시 말해 카운슬링 세계에서 자아를 접한 경우 사람에 따라서는 눈물을 흘리기도 합니다. 이 순간 프레젠싱이 일어납니다.

자아에서 우러나오는 행동은 근본적으로 내적 동기에도 기반하고 있어서 꼭 하고 싶다는 충동이 일어나게 됩니다. 그리고 몰두하는 동안에도 신이 나서 가슴이 뜁니다. 또한 어려운 일을 만나더라도 결국 차례로 해결책을 찾아내 빠르게 성장합니다.

퓨처매핑에서는 타인을 행복하게 해주는 이야기를 그려가면서 주관적으로 보던 세계를 다른 시점에서 바라보게 됩니다. 그리고 새로운 이해를 얻을 수 있어서 본질적인 깨달음이 일어나기 쉽습니다. 타인의 행복을 통해 본래 바라던 세계로 갈 수 있게 되는 것입니다.

Q. 전뇌사고를 교육계에서
자주 활용하나요?

A. 전뇌사고는 행동을 정리하거나 강좌를 만들고 팀 매니지먼트를 하는 데 효과적인 방법입니다.

처음에는 학교 교사의 업무를 편하게 하는 방법, 수업 제작이나 학급 운영에 활용할 수 있는 방법으로 도입되었습니다. 이후 커리어 교육이나 학급 행사 계획, 국어 수업 등 폭넓게 활용하고 있습니다. 전뇌사고를 통해 아이들에게 스스로 생각하게 하고, 행동하게 하는 경험을 제공하면 아이들은 자발적으로 교실을 정리하고 다른 아이를 돕는 행동을 하기 시작합니다.

장애아 교육에 오랫동안 종사해온 한 선생님의 말을 소개합니다.

"전뇌사고는 퓨처매핑을 그린 사람의 행동을 변화시킵니다. 지금까지 심리학에서 말한 '동기부여'나 '행동 변용' 같은 이론을 훨씬 뛰어넘습니다. (중략) 훌륭한 교육법은 많이 있지만, 전뇌사고는 직접적으로 행동을 변화시킵니다. 전뇌사고를 배우고 나서 이렇게 긍정적으로 사고할 수 있게 행동을 바꿀 수 있는 교육이야말로 현재 커리어 교육의 시급한 과제라는 것을 강하게 느꼈습니다."

Q. 전뇌 퍼실리테이터 경험을 쌓고 리더로 발탁되는 경우가 많아졌습니다. 그 이유가 뭘까요?

A. 퍼실리테이션이란 '쉽게 한다', '편하게 한다', '촉진한다'라는 의미가 있습니다. 따라서 퍼실리테이터의 역할은 교사가 아니라 전체 상을 보면서 팀워크를 끌어내고 최대의 성과를 달성할 수 있게 그 과정을 지원하는 것입니다.

전뇌사고의 포맷을 활용하면 직장인, 주부, 학생 등 각자 활동하는 세계가 다른 사람들의 모임에서도 함께 이야기를 만들 수 있습니다. 이 과정에서 서로 활발하게 활동하며 각자의 재능을 드러낼 수 있는 자리가 만들어집니다. 결국 퓨처매핑의 곡선과 빈칸이 자동적으로 이야기를 상상하도록 만들어주어 퍼실리테이터가 호기심을 갖고 이야기가 어떻게 전개될지 묻기만 해도 팀원이 자발적으로 발언하면서 문제가 해결되어 갑니다.

자연스럽게 퍼실리테이터는 웃음이 많아지고 매력적인 사람이 되며 다른 사람을 위해 생각하는 시간이 늘어납니다. 참가자가 안심하고 참여할 수 있는 자리를 만들 수 있다 보니 이 경험을 거듭하면 자리를 만드는 스킬이 현격히 올라갑니다. 이는 다른 배경을 가진 사람들을 통솔할 수 있는 조정형 리더의 능력을 기를 수 있다는 뜻입니다.

어떤 방법이나 수단을 쓰든 본질은 동일합니다. 그 결과 이러한 능력을 갖춘 인재에게 리더가 될 기회가 늘어나는 것은 자명한 이치입니다.

Q. 불교적 영향이 느껴지는데…

A. 질문대로 '나에게 도움이 되는 일이 다른 이에게도 도움이 됨'을 뜻하는 자리이타(自利利他), '나와 타인, 자아와 세계가 궁극적으로는 분리될 수 없는 하나의 실재'임을 뜻하는 이타불이(異他不二) 같은 개념은 불교의 사상과 통한다는 의견도 있습니다. 하지만 특정한 종교 사상에 영향을 받은 것은 아닙니다. 그보다 재미있는 것은 그러한 사상을 바탕으로 현실을 살면 세상의 원리를 급속도로 깨닫게 됩니다. 타인이 행복해지기를 바라고 행동하는 것이 자기 자신의 본질적 목적에 가까워지는 것을 매일 실감할 수 있을 것입니다.

Q. 왜 전뇌사고를 하면
빨리 성장할 수 있는 건가요?

A.	전뇌사고에는 '누군가를 행복하게 만들어준다'라
는 아이디어에 근거한 해피엔딩으로 끝나는 이야
기를 그립니다. 거기에서 힌트를 얻은 행동 계획은 이야기
와 직접 관계 없는 현실적 결과를 얻기 위한 계획이지만, 계
획에 따라 행동하는 동안 머릿속에서 가공의 이야기도 현
실과 중첩되어 진행됩니다. 말하자면 현실에서 영화 속 연
기자처럼 연기하고 공동으로 이야기를 지어내는 것입니다.

행동할 때도 주변에서 피드백을 받을 수 있게 안테나를
꼿꼿이 세우므로 주변 사람의 생각과 공감을 자연스럽게 의
식하게 됩니다. 그래서 자신만이 아니라 주변 사람의 성장도
함께 기뻐하고 인간적으로도 크게 성장하게 됩니다.

Q. 전뇌사고를 배우기 위해 제일 먼저 무엇부터 시작하면 좋을까요?

A. 어느 학교의 선생님은 새로 담임을 맡은 반에 매일 아침 학생을 한 명씩 골라서 그 학생을 행복하게 만들어주는 퓨처매핑을 그렸습니다. 그런 후 학급의 모든 학생에게 지목된 아이를 하루 종일 주목하면서 행동하라고 당부했습니다. 그 결과 각 아이들이 지닌 생각과 개성을 알게 되었고 아이들 사이의 관계도 손에 잡힐 듯 이해할 수 있게 되었다고 합니다.

또한 매일 스케줄을 짤 때 간단한 퓨처매핑을 그려보는 것도 추천합니다. 그러면 '오늘 하루는 누구를 행복하게 해줄까?' 같은 생각으로 매일 아침 꿈에서 현실로 깨어날 수 있습니다.

간다 마사노리의
大発見
대발견

초판 1쇄 인쇄 2025년 6월 2일
초판 1쇄 발행 2025년 6월 9일

지은이 | 간다 마사노리
옮긴이 | 전경아
펴낸이 | 하인숙

기획총괄 | 김현종
책임편집 | 김선도
마케팅 | 김미숙
디자인 표지 | studio forb 본문 | 김서영

펴낸곳 | 더블북
출판등록 | 2009년 4월 13일 제2022-000052호
주소 | 서울시 양천구 목동서로 77 현대월드타워 1713호
전화 | 02-2061-0765 팩스 | 02-2061-0766
블로그 | https://blog.naver.com/doublebook
인스타그램 | @doublebook_pub
포스트 | post.naver.com/doublebook
페이스북 | www.facebook.com/doublebook1
이메일 | doublebook@naver.com

ⓒ 간다 마사노리, 2025
ISBN 979-11-93153-70-3 (03320)